MATHIAS
ECOCARDIOGRAFIA
PARA O DIA A DIA

MATHIAS
ECOCARDIOGRAFIA
PARA O DIA A DIA

Wilson Mathias Jr.

Manole

Copyright © 2018 Editora Manole Ltda., por meio de contrato com o editor.

A edição desta obra foi financiada com recursos da Editora Manole Ltda., um projeto de iniciativa da Fundação Faculdade de Medicina em conjunto e com a anuência da Faculdade de Medicina da Universidade de São Paulo – FMUSP.

Editora gestora: Sônia Midori Fujiyoshi
Editoras: Juliana Waku, Patrícia Alves Santana

Capa: Thereza Almeida
Projeto gráfico: Departamento Editorial da Editora Manole
Editoração eletrônica: HiDesign Estúdio
Ilustrações: Rodrigo Ricieri Tonan

CIP-BRASIL. CATALOGAÇÃO NA PUBLICAÇÃO
SINDICATO NACIONAL DOS EDITORES DE LIVROS, RJ

M379m

Mathias Jr., Wilson
    Mathias ecocardiografia para o dia a dia / Wilson Mathias Jr. ; ilustração Rodrigo Ricieri Tonan. - 1. ed. - Barueri [SP] : Manole, 2018.
    448 p. : il. ; 16 cm.

Inclui bibliografia
ISBN 9788520457368

1. Ecocardiografia. 2. Coração - Doenças - Ultrassonografia. I. Tonan, Rodrigo Ricieri. II. Título.

18-49443	CDD: 616.1207543
	CDU: 616.12-07

Meri Gleice Rodrigues de Souza - Bibliotecária CRB-7/6439

Todos os direitos reservados. Nenhuma parte deste livro poderá ser reproduzida, por qualquer processo, sem a permissão expressa dos editores. É proibida a reprodução por xerox.

Editora Manole Ltda.
Av. Ceci, 672 – Tamboré
06460-120 – Barueri – SP – Brasil
Tel.: (11) 4196-6000 – Fax: (11) 4196-6021
www.manole.com.br
info@manole.com.br

Impresso no Brasil
Printed in Brazil

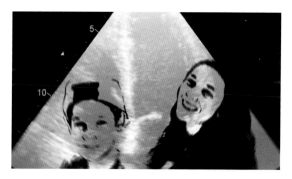

Este manual é dedicado à minha esposa, Luciana,
e a meus filhos, Mariana e Tomás.

Manual de Ecocardiografia

Editor

Wilson Mathias Jr.

Editora associada

Jeane Mike Tsutsui

Colaboradores

Cláudia Regina Pinheiro de Castro
Gláucia Maria Penha Tavares
João César Nunes Sbano
Marcelo Luiz Campos Vieira
Miriam Magalhães Pardi
Victoria Yezenia Cómina de La Cruz
Vitor Coimbra Guerra
Viviane Tiemi Hotta

Editor

Wilson Mathias Jr.

É Professor Livre-docente pela Faculdade de Medicina da Universidade de São Paulo e Diretor do Serviço de Ecocardiografia do Instituto do Coração (InCor) do Hospital das Clínicas da Faculdade de Medicina da Universidade de São Paulo. Sua titulação internacional inclui importantes títulos, o de *Fellow of The American Heart Association*, *Fellow of the European Society of Cardiology*, *Fellow of The American College of Cardiology*, *Fellow of the American Society of Echocardiography* e *Fellow* (Emérito) *of International Society of Cardiovascular Ultrasound*. É frequentemente convidado a ministrar conferências em importantes congressos internacionais como o do American College of Cardiology, American Heart Association e American Society of Echocardiography.

É membro do corpo editorial de vários periódicos nacionais e internacionais, publicou mais de 201 artigos em revistas internacionais indexadas, seu Fator H é 22 e já foi citado 1.743 vezes em artigos indexados de circulação internacional. É consultor e pesquisador do Conselho Nacional de Desenvolvimento Científico e Tecnológico (CNPq) – Nível 1 e da Fundação de Amparo à Pesquisa do Estado de São Paulo (Fapesp). Sob sua direção, a Unidade de Ecocardiografia do Incor foi substancialmente ampliada e obteve apoios financeiros em dez projetos de pesquisa, sendo dois temáticos.

Pioneirismo: Prof. Mathias foi pioneiro em nosso país na introdução da ecocardiografia sob estresse, publicando artigos, ensinando a técnica a centenas de médicos, assim como realizando o primeiro exame em território nacional. Na mesma linha, já na área terapêutica, é pioneiro nas aplicações terapêuticas do ultrassom, tendo realizado o primeiro tratamento e publicado o primeiro estudo no mundo sobre este tema em humanos (JACC May 24, 2016).

Editora associada

Jeane Mike Tsutsui

Professora Livre-docente pela Faculdade de Medicina da Universidade de São Paulo. Médica pesquisadora da Equipe de Ecocardiografia de Adultos do Instituto do Coração do Hospital das Clínicas da Faculdade de Medicina da Universidade de São Paulo e Diretora Executiva de Negócios do Grupo Fleury.

Colaboradores

Cláudia Regina Pinheiro de Castro
Médica assistente do Instituto do Coração do Hospital das Clínicas da Faculdade de Medicina da Universidade de São Paulo (FMUSP). Doutoranda em Medicina pela FMUSP. Médica assistente do Serviço de Ecocardiografia do Grupo Fleury.

Gláucia Maria Penha Tavares
Mestre em Medicina pela Faculdade de Medicina da Universidade de São Paulo. Médica supervisora do Serviço de Ecocardiografia do Instituto do Coração do Hospital das Clínicas da Faculdade de Medicina da Universidade de São Paulo.

João César Nunes Sbano
Doutor em Medicina pela Faculdade de Medicina da Universidade de São Paulo. Médico supervisor do Serviço de Ecocardiografia do Instituto do Coração do Hospital das Clínicas da Faculdade de Medicina da Universidade de São Paulo.

Marcelo Luiz Campos Vieira
Pós-doutorado pela Tufts University – New England Medical Center (NEMC), Boston, MA, EUA. Professor Livre-docente em Medicina pela Faculdade de Medicina da Universidade de São Paulo. Mé-

dico assistente do Serviço de Ecocardiografia do Instituto do Coração do Hospital das Clínicas da Faculdade de Medicina da Universidade de São Paulo.

Miriam Magalhães Pardi
Doutora em Medicina pela Faculdade de Medicina da Universidade de São Paulo (FMUSP). Médica assistente do Serviço de Ecocardiografia do Instituto do Coração do Hospital das Clínicas da FMUSP. Médica assistente do Serviço de Ecocardiografia do Grupo Fleury.

Victoria Yezenia Cómina de La Cruz
Médica Assistente do Serviço de Ecocardiografia do Grupo Fleury.

Vitor Coimbra Guerra
Doutor em Medicina pela Faculdade de Medicina da Universidade de São Paulo. Médico Chefe de Ecocardiografia Pediátrica do Serviço de Ecocardiografia do Sick Children Hospital, Toronto, Canadá.

Viviane Tiemi Hotta
Doutora em Medicina pela Faculdade de Medicina da Universidade de São Paulo (FMUSP). Médica assistente do Serviço de Cardiopatias Gerais do Instituto do Coração do Hospital das Clínicas da FMUSP.

Sumário

1 Princípios físicos do ultrassom 1
2 Planos ecocardiográficos 15
3 Doppler 37
4 Quantificação das cavidades cardíacas 49
5 Volumes ventriculares e função sistólica 71
6 Avaliação hemodinâmica 85
7 Avaliação das valvopatias 107
8 Avaliação da função diastólica 145
9 Doenças do pericárdio 163
10 Parâmetros de avaliação de sincronia cardíaca 185
11 Ecocardiografia transesofágica 199
12 Ecocardiografia sob estresse 233

Bibliografia 243
Índice remissivo 251

A Medicina é uma área do conhecimento em constante evolução. Os protocolos de segurança devem ser seguidos, porém novas pesquisas e testes clínicos podem merecer análises e revisões. Alterações em tratamentos medicamentosos ou decorrentes de procedimentos tornam-se necessárias e adequadas. Os leitores são aconselhados a conferir as informações sobre produtos fornecidas pelo fabricante de cada medicamento a ser administrado, verificando a dose recomendada, o modo e a duração da administração, bem como as contraindicações e os efeitos adversos. É responsabilidade do médico, com base na sua experiência e no conhecimento do paciente, determinar as dosagens e o melhor tratamento aplicável a cada situação. Os autores e os editores eximem-se da responsabilidade por quaisquer erros ou omissões ou por quaisquer consequências decorrentes da aplicação das informações presentes nesta obra.

1
Princípios físicos do ultrassom

Princípios básicos

Ondas ultrassonográficas

As ondas sonoras são vibrações mecânicas classificadas em infrassom, faixa acústica e ultrassom (Figura 1.1).

O ultrassom (US) é formado por ondas que possuem frequência acima da capacidade de detecção pelo ouvido humano, ou seja, acima de 20.000 ciclos por segundo ou 20 kHz ou 0,02 MHz.

Nas aplicações médicas, essas ondas são produzidas por um material chamado de cristal piezoelétrico, que oscila após um estímulo elétrico. Elas se propagam em um meio que se deforma sob ação desta força externa e retoma sua forma e posição quando essa força cessa.

Figura 1.1 Faixas sonoras de acordo com algumas aplicações.

A fonte geradora

Após a emissão do pulso de US, o transdutor entra em modo recepção ou de espera, aguardando a onda refletida da estrutura analisada (tempo morto) (Figura 1.2).

Ao receberem a onda sonora refletida, os cristais produzem um impulso elétrico, que é transformado em uma onda de radiofrequência, culminando com a formação da imagem, vindo a se repetir como ciclos no tempo e espaço entre a geração e o retorno do sinal (Figura 1.3).

Assim, quanto mais profundo o alvo analisado, maior o tempo de ida e retorno do feixe de US, com a profundidade exata calculada a partir da velocidade (v) do US nos tecidos e do intervalo de tempo (t) do pulso emitido para o recebido. Usando a relação:

$$D = v \times t/2$$

Nessa fórmula, D é a distância percorrida, v é a velocidade do som e t o tempo do percurso.

O som atravessa um meio na forma de uma onda em propagação e, durante essa passagem, as partículas do meio se movem em vibrações paralelas (ondas longitudinais) ou perpendiculares (ondas transversas) em relação à linha de propagação. Apesar de as duas formas poderem ocorrer em meio sólido, apenas as ondas longitudinais se transmitem nos fluidos e no ar.

Propriedades da onda sonora

A frequência é o número de ciclos por unidade de tempo, como ciclos por segundo ou Hz. As ondas têm a mesma frequência da fonte emissora, independentemente do meio em que se propagam.

1 PRINCÍPIOS FÍSICOS DO ULTRASSOM 3

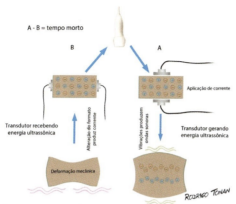

Figura 1.2 Representação do processo de produção da onda sonora e da deformação do cristal que culmina com a formação da onda de radiofrequência.

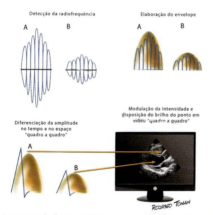

Figura 1.3 Processo de formação da onda de radiofrequência e da imagem ecocardiográfica.

Quanto menor a frequência, maior o comprimento de onda (λ) para uma mesma velocidade de propagação ($f = v/\lambda$).

O λ varia de 0,15 a 1,5 mm no US diagnóstico para tecidos moles.

As principais características da onda sonora são: comprimento de onda, frequência e amplitude (Figura 1.4).

Baseados nestes conceitos, como $f = v / \lambda$, então pode-se determinar o comprimento de onda (λ) pela equação: $\lambda = v / f$. Assim, sabendo-se que a velocidade de propagação no sangue é de 1.540 m/s e com uma frequência em MHz, o comprimento de onda pode ser calculado por λ (mm) = 1,54/f (MHz). Por exemplo, se a frequência for 3 MHz, λ será 0,5 mm.

Quanto maior for a frequência do transdutor utilizado, menor será o comprimento de onda, menor a profundidade de penetração e maior será a resolução da imagem (p. ex., transdutores usados em pediatria). Desse modo, a resolução de imagem é proporcional

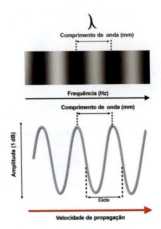

Figura 1.4 Características de uma onda sonora.

a 2 λ (ou seja, em 1 λ de onda de 0,5 mm a resolução é de aproximadamente 1 mm) (Figura 1.5).

Transdutores de menor frequência produzem ondas de maior comprimento, tendo maior penetração e, consequentemente, menor resolução de imagem (p. ex., transdutores usados em adultos).

Formação de imagem e suas características

A profundidade de penetração do ultrassom para uma imagem adequada, em geral, está limitada a aproximadamente 200 comprimentos de onda, que faz um transdutor de 2 MHz atingir a profundidade de 20 cm e um de 5 MHz, a de 6 cm. As fontes

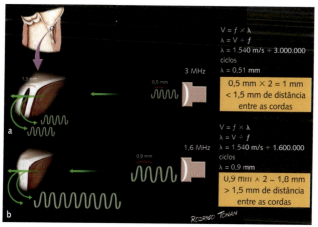

Figura 1.5 (a) Esquema exemplificando como um comprimento de pulso (CP) é refletido por dois pontos separadamente a uma distância mínima de metade do CP. Assim, nota-se que na imagem de baixo (b), como a distância entre os dois objetos é menor ou igual a duas vezes o comprimento de onda, as duas imagens são interpretadas como uma só.

mais frequentes que causam atenuação durante o estudo ultrassonográfico são pulmões e presença de interposição de ar entre o transdutor e o coração, como no enfisema subcutâneo, pneumomediastino ou pneumopericárdio, causadas por alta diferença entre as impedâncias acústicas do ar e dos tecidos, o que ocasiona a reflexão da maior parte das ondas sonoras a este nível, motivo pelo qual se usa gel de glicerina para realização dos exames. Dessa forma, do total de ondas produzidas pelos cristais de um transdutor, aproximadamente somente 1% delas resultam na formação da imagem ultrassonográfica.

O pulso é emitido pelo transdutor e, cessada a emissão, ele passa a funcionar como receptor para captação de ecos. Atualmente, os equipamentos de ultrassonografia são de tipo B (brilho) e os sinais captados pelo transdutor são traduzidos em escala de cinza por decodificação numérica e, em última análise, são representados por um ponto na tela (Figura 1.6).

A resolução espacial é a capacidade de distinguir espacialmente dois pontos em um sistema de imagem. Temos resolução axial, lateral e elevacional. Na axial, distinguem-se dois pontos localizados ao longo do caminho ou eixo do feixe de US. A lateral permite distinguir dois objetos dispostos lado a lado e em relação ao feixe de US, na mesma profundidade. Já a elevacional é a resolução da terceira dimensão da imagem além dos planos axial e lateral e a temporal representa a capacidade de rastrear alvos móveis ao longo do tempo e é avaliada pela frequência de quadros (*frame rate*). É maior quanto menor for a profundidade e menor for o ângulo de varredura.

Modalidades de imagem

Modo unidimensional (modo M)

No modo unidimensional (movimento), uma única linha de sinais investiga o campo ultrassonográfico na velocidade de 50 a

100 mm/s. Como apenas uma única linha de sinais está incluída no traçado do modo unidimensional, a frequência de repetição do pulso transmitido e recebido pelo transdutor é limitada apenas pelo tempo necessário para o feixe de ultrassom ser transmitido até a profundidade máxima e voltar ao transdutor, o que permite, para uma profundidade de 20 cm, apenas 0,26 ms (à velocidade de 1.540 m/s), sendo possível uma frequência de pulso de até 3.850 vezes por segundo.

Ecocardiografia bidimensional

A imagem bidimensional (2D) é gerada a partir dos dados obtidos pela "varredura" eletrônica do feixe de ultrassom através do campo ultrassonográfico.

A "varredura eletrônica" é a sequência de disparos dos cristais, da primeira fileira de cristais de um lado do transdutor ao outro.

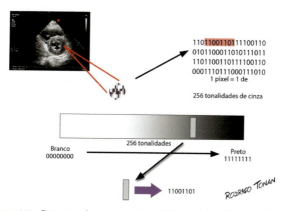

Figura 1.6 Esquema demonstrando as diferentes tonalidades de cinza; processo importante na criação da imagem; para cada pixel formador, atribui-se uma tonalidade de cinza.

Esses disparos ocorrem de forma sequencial e em um intervalo de tempo conhecido, que forma um quadro (*frame*).

O tempo necessário para adquirir todas as informações para um quadro de imagem está diretamente relacionado com o número de linhas mapeadas. Portanto, há uma relação inversa entre a densidade das linhas de varredura e a frequência de quadros da imagem (*frame rate*). Na cardiologia, é desejável uma frequência de quadros maior que 30, por exemplo, a fim de se documentar adequadamente o rápido movimento do coração e seus vasos. Assim, com o intuito de se otimizar as resoluções bidimensional e temporal da imagem ecocardiográfica, é necessário diminuir o setor estudado (Figura 1.7).

Essas imagens "quadro a quadro" são capazes de reproduzir a imagem dos movimentos cardíacos em tempo "quase" real. O tempo "quase" real ocorre por causa de um atraso entre o tempo de ida e o de volta do ultrassom até o cristal piezoelétrico associado ao tempo necessário para o disparo sequencial de todos os cristais piezoelétricos do transdutor. Como esse tempo é muito pequeno e imperceptível ao olho humano, é chamado de "tempo real". Por exemplo, se o tempo de ida e volta da onda para uma profundidade de 15 cm for de 19 ms, o tempo para se produzir um quadro completo formado por 34 linhas seria de aproximadamente 6,5 ms, o que permitiria uma frequência máxima de quadros de 154 e uma frequência de repetição de pulsos (PRF) de 5.235. Assim, com uma PRF semelhante, para se aumentar o número de linhas por quadro, o preço a se pagar é a redução do número de quadros (*frame rate*), pois a PRF é limitada ao seu máximo pelo tempo de ida e volta do pulso sonoro (Figura 1.8).

O diagnóstico ecocardiográfico é diretamente proporcional à qualidade de imagem obtida pelo estudo transtorácico. Nesse sentido, a fim de obter a melhor imagem que seu aparelho pode fornecer,

1 PRINCÍPIOS FÍSICOS DO ULTRASSOM 9

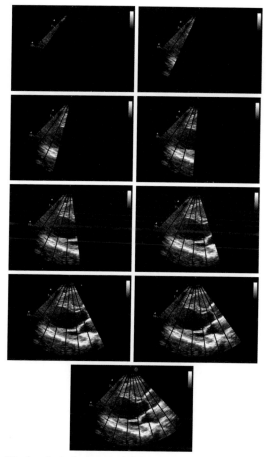

Figura 1.7 Sequência de disparos de linhas dos cristais, de um lado para o outro do transdutor, que em última análise formam cada quadro (*frame*) da imagem.

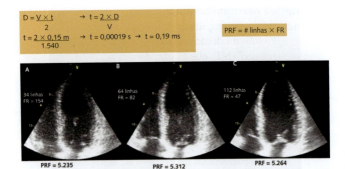

$$D = \frac{V \times t}{2} \rightarrow t = \frac{2 \times D}{V}$$

$$t = \frac{2 \times 0{,}15\,m}{1.540} \rightarrow t = 0{,}00019\,s \rightarrow t = 0{,}19\,ms$$

PRF = # linhas × FR

34 linhas × 0,19 ms = 6,46 ms   64 linhas × 0,19 ms = 12,16 ms   112 linhas × 0,19 ms = 21,28 ms
1 s = 1.000 ms/(6,46) = 154   1 s = 1.000 ms/(12,16) = 82   1 s = 1.000 ms/(21,28) = 47
quadros/s

Figura 1.8 (A) O tempo de ida e volta da onda para uma profundidade de 15 cm é de 19 ms, assim, o tempo para se produzir um quadro completo formado por 34 linhas seria de aproximadamente 6,5 ms, o que permitiria uma frequência de repetição de pulsos (PRF) de 5.235 a uma frequência máxima de quadros de 154. (B) Da mesma forma, para se produzir um quadro completo formado por 64 linhas, seria necessário o tempo de aproximadamente 12,2 ms, o que permitiria uma PRF de 5.312 a uma frequência máxima de quadros de 82. (C) Para se produzir um quadro completo formado por 112 linhas, seria necessário o tempo de aproximadamente 21,3 ms, o que permitiria uma PRF de 5.264 a uma frequência máxima de quadros de 47. D: distância; V: velocidade do som no meio; t: tempo de ida e volta da onda sonora; ms: milissegundos; FR: *"frame rate"*; PRF: frequência de repetição de pulsos (*pulse repetition frequency*) pelo cristal pizoelétrico em pulsos por segundo.

deve-se utilizar os controles de pré e pós-processamento de imagem, padrão disponível na maioria dos sistemas de ultrassom:

- Saída de força (*output*): é um parâmetro que ajusta o pré-processamento da imagem por regular a energia total de ultrassom fornecida pelo transdutor nas descargas transmitidas, resultando em maior amplitude dos sinais emitidos e refletidos. Nos aparelhos modernos, a saída de força é medida pelo "índice mecânico" (MI), que é definido como:

$$MI = \frac{\text{Pressão negativa de pico acústico}}{\sqrt{fc}}, fc = \text{frequência central do transdutor.}$$

- Faixa de frequência: ajusta a banda de frequência do transdutor. Menores frequências devem ser escolhidas para pacientes mais difíceis no imageamento e, em janelas melhores, em geral opta-se por faixa de frequências mais altas.
- Ganho (*gain*): é um parâmetro que ajusta o pós-processamento da imagem por regular a intensidade exibida na tela do monitor dos sinais recebido.
- Compensação do ganho em função do tempo (*time gain compensator*, TGC): é um parâmetro que ajusta o pós-processamento da imagem por regular um ajuste diferencial do ganho ao longo da profundidade do feixe de ultrassom.
- Profundidade: é um parâmetro que ajusta o pré-processamento da imagem por regular a profundidade que interfere na frequência de repetição do pulso e no número de quadros por imagem, sendo esses menores à medida que a profundidade e o ângulo aumentam.
- Escala de cinza (*dynamic range*): é um parâmetro que ajusta o pré-processamento da imagem por regular o número de seus níveis de cinza e pode ser ajustado para fornecer uma imagem com contraste acentuado entre as áreas claras e escuras ou uma graduação de níveis de cinza menos acentuada. Adicionalmente, filtra sinais de radiofrequência de baixa e alta intensidade como ruídos, de acordo com ajustes maiores ou menores.

O cuidado que deve ser tomado é de não se reduzir demais a escala de cinza (*dynamic range*), pois pode acarretar perda de informações reais.

Artefatos de imagens

Os artefatos de imagens incluem sinais que resultam no aparecimento de "estruturas" que não estão realmente presentes, na incapacidade de visibilização de estruturas que estão presentes e na distorção de uma imagem e são eles.

- A sombra acústica (Figura 1.9).
- As reverberações (Figura 1.9).
- Os artefatos de lobo lateral (Figura 1.10).

Ecos espúrios do campo proximal são artefatos causados por oscilações anormais dos cristais pizoelétricos gerados por conta do grande tráfego de sinais emitidos e recebidos na região do campo proximal, em que estes ecos se assemelham a um trombo em região apical de paciente com infarto de parede anteroapical (Figura 1.11).

Finalmente, os ecos harmônicos, ocasionados por reverberações harmônicas no campo distal, onde são mais intensos, também conhecidos como "*ring down*", são causados por vai e vem de ondas, por exemplo, dos folhetos pericárdicos no campo distal, como mostrado na Figura 1.12.

1 PRINCÍPIOS FÍSICOS DO ULTRASSOM 13

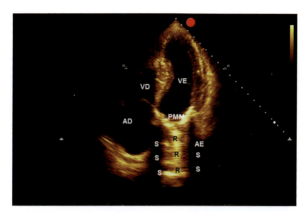

Figura 1.9 Exemplo de artefato de sombra acústica (S) e de reverberação (R) do sinal de uma prótese mecânica (PM) em posição mitral. VD: ventrículo direito; VE: ventrículo esquerdo; AD: átrio direito; AE: átrio esquerdo.

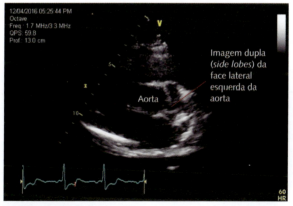

Figura 1.10 Artefato de lobo lateral. Note a linha de coaptação das válvulas aórticas coronariana direita e não coronariana, aparecendo ao centro também, na via de saída do ventrículo esquerdo.

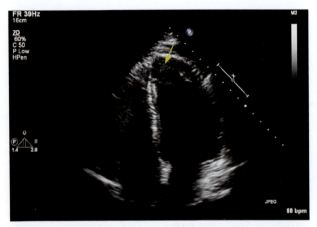

Figura 1.11 Ecos espúrios do campo proximal: ecos que se assemelham a um trombo em região apical de paciente com infarto de parede anteroapical.

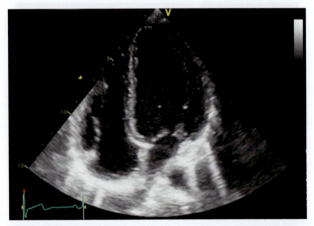

Figura 1.12 *Ring down* ou reverberações harmônicas do campo distal.

2
Planos ecocardiográficos

Técnica do exame

A ecocardiografia permite a aquisição de imagens tomográficas das estruturas cardíacas, além de avaliação detalhada de sua anatomia e função por meio de planos ecocardiográficos obtidos nas janelas acústicas (Figura 2.1).

Para fins didáticos, utilizaremos nosso sistema de horário, de acordo com a Figura 2.1. Esse sistema supõe que o horário de 12 h sempre estará na direção da cabeça o de 6 h sempre estará na direção dos pés do paciente. Quando o texto se referir ao horário de 3 h, entenda-se que o apontador do transdutor deve "apontar" para aquele horário em qualquer decúbito que o paciente estiver. Assim, por exemplo, quando o texto se referir a 11 h, é o apontador "do transdutor que deve indicar esse horário" como indicado na Figura 2.2.

1. **Janela paraesternal:** planos paraesternais longitudinais (Figuras 2.3 a 2.6) e planos transversais (Figura 2.7), incluindo transversal ao nível da base (Figura 2.8), da valva mitral (Figura 2.9), dos músculos papilares do ventrículo esquerdo (Figura 2.10) e apical (Figura 2.11).

16 MATHIAS ECOCARDIOGRAFIA PARA O DIA A DIA

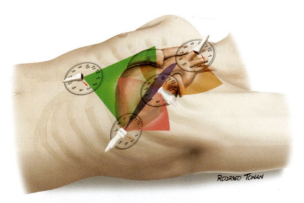

Figura 2.1 Planos ecocardiográficos obtidos nas janelas acústicas.

Figura 2.2 Relógio imaginário na projeção paraesternal longitudinal, com o apontador e o feixe de ultrassom em 11 h.

2. **Janela apical (Figura 2.12):** plano apical de quatro câmaras (Figura 2.13), de cinco câmaras (saída da aorta) (Figura 2.14), de duas câmaras (Figura 2.15) e de três câmaras (Figura 2.16).
3. **Janela subcostal (Figura 2.17):** plano subcostal longitudinal (Figuras 2.18 e 2.19) e transverso (Figura 2.20) da base (Figura 2.21), transverso dos ventrículos (Figura 2.22) e finalmente o subcostal longitudinal das veias sistêmicas (Figura 2.23) e da aorta abdominal (Figura 2.24).
4. **Janela supraesternal:** planos longitudinal (Figuras 2.25 e 2.26) e transversal (Figuras 2.27 e 2.28).

Janela paraesternal

Plano longitudinal do ventrículo esquerdo: é o plano básico dessa janela acústica, a partir do qual todos os outros são obtidos. Posiciona-se o transdutor no 2º ou 3º espaço intercostal esquerdo, próximo ao esterno, com o apontador posicionado a 11 h e o feixe de ultrassom apontando para o ombro direito do paciente (Figura 2.4).

Plano longitudinal da via de entrada do ventrículo direito (VD): no mesmo plano, com o apontador em 11 h, inclinando-se o feixe de ultrassom em direção à perna direita (Figura 2.5).

Plano longitudinal da via de saída do ventrículo direito: no mesmo plano do paraesternal longitudinal (com o apontador posicionado a 11 h e o feixe de ultrassom apontando para o ombro esquerdo do paciente) (Figura 2.6).

Plano transversal (Figura 2.7): a partir do plano paraesternal longo, faz-se uma rotação no sentido horário de 90° com o apontador a 2 h e o feixe de ultrassom apontando para a coluna dorsal alta (Figura 2.8).

Plano curto (paraesternal transversal): plano da válvula mitral. A partir do plano paraesternal da base (com o apontador a

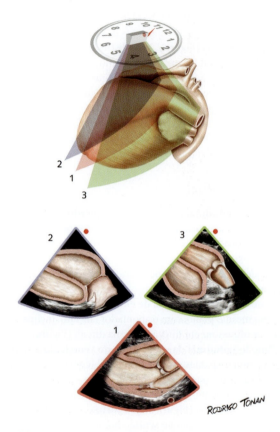

Figura 2.3 Demonstração do procedimento de varredura lateral, de onde são derivados seus planos principais. 1: Paraesternal longitudinal da via de entrada do ventrículo esquerdo. 2: Plano paraesternal longitudinal da via de entrada do ventrículo direito. 3: Plano paraesternal da via de saída do ventrículo direito.

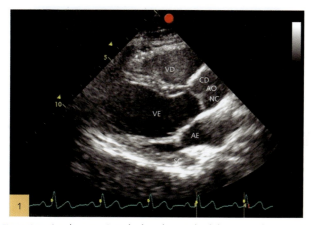

Figura 2.4 Janela paraesternal, plano longitudinal do ventrículo esquerdo com visualização dos seios com as válvulas aórticas – não coronariana (NC) e coronariana direita (CD) –, átrio esquerdo (AE), valva mitral, ventrículo esquerdo (VE), septo interventricular e parede inferolateral do ventrículo esquerdo, ventrículo direito (VD), seio coronário (SC) e aorta torácica descendente (AO).

2 h), aponta-se o feixe de ultrassom levemente em direção ao ápice do ventrículo esquerdo (Figura 2.9).

Plano transversal: plano dos músculos papilares. A partir do plano paraesternal da valva mitral (com o apontador a 2 h), aponta-se o feixe de ultrassom levemente em direção ao ápice do ventrículo esquerdo (Figura 2.10) e movimentando-se a varredura em direção distal, pode-se obter o plano transverso apical (Figura 2.11)

Janela apical

Plano apical de quatro câmaras: é o plano básico dessa janela, a partir do qual todos os outros são obtidos. Posiciona-se o transdutor

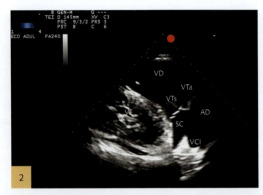

Figura 2.5 Janela paraesternal, plano longitudinal de via de entrada do VD. Observar que o VE está parcialmente obliterado nesta imagem. Assim, são visualizadas as cúspides septal e anterior da valva tricúspide. AD: átrio direito; VE: ventrículo esquerdo; VD: ventrículo direito; SC: seio coronário; VCI: veia cava inferior; VTs: cúspide septal da valva tricúspide; VTa: cúspide anterior da valva tricúspide.

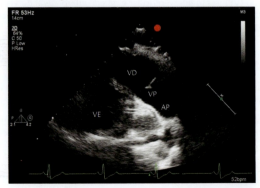

Figura 2.6 Janela paraesternal, plano longitudinal de via de saída do VD. Nesse plano, são visualizados a valva pulmonar e o tronco da artéria pulmonar. VD: ventrículo direito; AP: artéria pulmonar; VP: valva pulmonar; VE: ventrículo esquerdo.

2 PLANOS ECOCARDIOGRÁFICOS 21

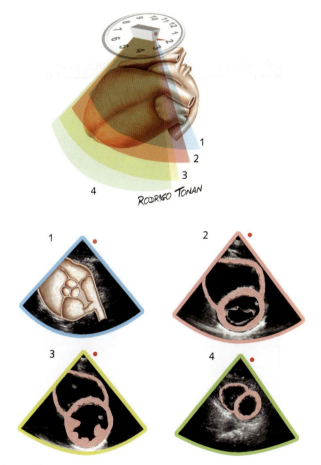

Figura 2.7 Principais "níveis de plano" para análise. 1: Vasos da base. 2: Valva mitral (basal). 3: Músculos papilares (médio). 4: Apical.

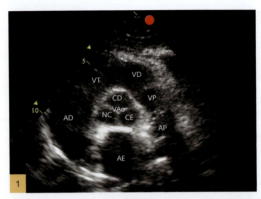

Figura 2.8 Janela paraesternal, plano transverso ao nível dos vasos da base. AE: átrio esquerdo; AD: átrio direito; VD: ventrículo direito; VT: valva tricúspide; VP: valva pulmonar; AP: artéria pulmonar; VAo: valva aórtica; NC: válvula não coronariana; CE: coronariana esquerda; CD: coronariana direita.

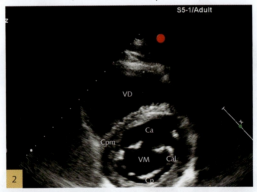

Figura 2.9 Janela paraesternal, plano transverso ao nível da valva mitral. A cúspide anterior encontra-se acima e a posterior, abaixo. Observar as comissuras posteromedial à esquerda na imagem e a anterolateral à direita. VD: ventrículo direito; VM: valva mitral; Ca: cúspide anterior; Cp: cúspide posterior; Cal: comissura anterolateral; Cpm: comissura posteromedial.

2 PLANOS ECOCARDIOGRÁFICOS 23

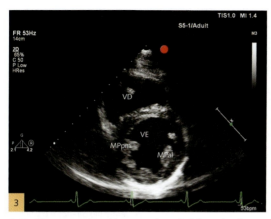

Figura 2.10 Plano paraesternal transversal ao nível dos músculos papilares, identificado pela visualização dos músculos papilares. VD: ventrículo direito; VE: ventrículo esquerdo; MPal: músculo papilar anterolateral; MPpm: músculo papilar posteromedial.

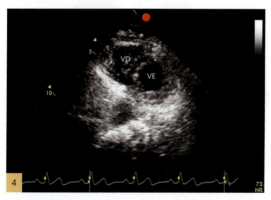

Figura 2.11 Plano paraesternal transversal ao nível do ápice. VD: ventrículo direito; VE: ventrículo esquerdo.

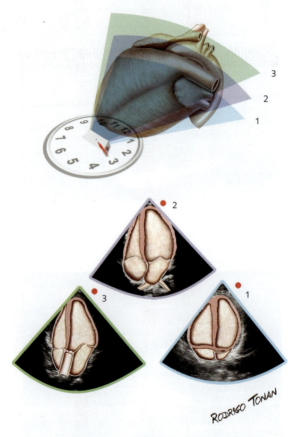

Figura 2.12 Representação da obtenção dos três planos básicos nesta projeção: o plano apical de quatro câmaras ao nível do seio coronário (1); o plano apical de quatro câmaras ao nível médio (2), conhecido somente como apical de quatro câmaras; e o apical de cinco câmaras (3).

2 PLANOS ECOCARDIOGRÁFICOS 25

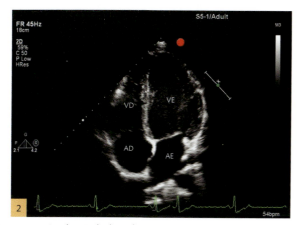

Figura 2.13 Janela apical, plano de quatro câmaras. AE: átrio esquerdo; AD: átrio direito; VE: ventrículo esquerdo; VD: ventrículo direito.

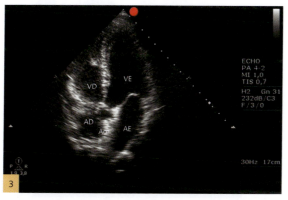

Figura 2.14 Janela apical, plano de cinco câmaras. AE: átrio esquerdo; AD: átrio direito; VE: ventrículo esquerdo; VD: ventrículo direito; Ao: aorta.

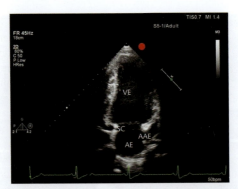

Figura 2.15 Janela apical, plano de duas câmaras. AE: átrio esquerdo; VE: ventrículo esquerdo; AAE: apêndice atrial esquerdo; SC: seio coronário.

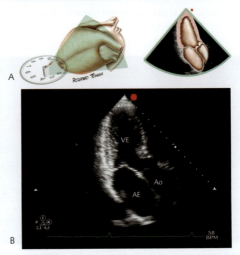

Figura 2.16 Janela apical, plano longitudinal apical de três câmaras. AE: átrio esquerdo; VE: ventrículo esquerdo; Ao: aorta.

sobre o ápice ventricular, em geral, no 5º espaço intercostal, localizado a partir da linha hemiclavicular esquerda até a linha hemiaxilar esquerda, podendo deslocar-se mais ou menos para a esquerda, dependendo do tamanho das cavidades ventriculares com o apontador na posição de 3 h (Figura 2.13), apontando-se o feixe de ultrassom, posteriormente o apical de quatro câmaras ao nível do seio coronário (Figura 2.12) e apontando-se o feixe anteriormente apical de cinco câmaras (Figura 2.14). Nesse plano, o septo interventricular anterior e um plano alto da parede anterolateral são mostrados na imagem.

Plano apical de duas câmaras: obtém-se a partir do plano apical de quatro câmaras, fazendo-se uma rotação do feixe de ultrassom de 90º no sentido anti-horário na posição de 12 h (Figura 2.15). São visualizados o átrio e o ventrículo esquerdo com as suas paredes inferior e anterior.

Plano apical de três câmaras: obtém-se a partir do plano apical de quatro câmaras, fazendo-se uma rotação do feixe de ultrassom no sentido anti-horário a + 110º na posição aproximada de 11 h (Figura 2.16). Nesse plano são visualizados o septo interventricular anterior à parede inferolateral do VE, aorta ascendente.

Janela subcostal

O paciente em uma posição de decúbito dorsal é solicitado a fletir os membros inferiores, proporcionando relaxamento da musculatura abdominal.

Planos longitudinais (Figuras 2.17 e 2.18): obtidos em decúbito dorsal, posicionando-se o transdutor abaixo do apêndice xifoide, com seu apontador para o lado esquerdo do paciente, na posição de 3 h, com o feixe de ultrassom quase paralelo ao plano do tórax apontando para a nuca (Figura 2.19). Múltiplos planos longitudinais podem ser obtidos dessa projeção pela simples inclinação anterior e posterior do feixe de ultrassom.

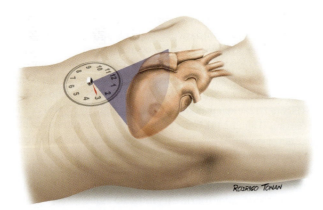

Figura 2.17 Plano subcostal longitudinal.

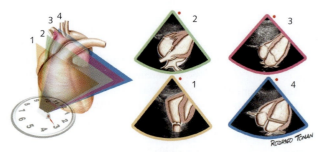

Figura 2.18 Método de varredura anteroposterior fornece planos em diversos níveis do coração, desde o seio coronário (4) até o plano longitudinal dos ventrículos (3,2), plano da via de saída do ventrículo esquerdo (2) e no plano da artéria pulmonar (1).

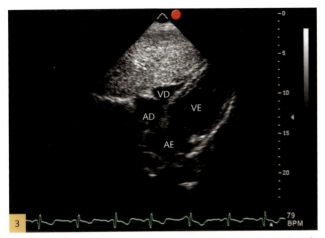

Figura 2.19 Janela subcostal, plano longitudinal. A fácil visualização de todo o coração, com o pericárdio, comumente torna essa janela de eleição em situações de emergência. AE: átrio esquerdo; AD: átrio direito; VE: ventrículo esquerdo; VD: ventrículo direito.

Planos transversais (Figuras 2.17 a 2.20): obtidos a partir do plano longitudinal, rodando-se o transdutor 90° no sentido anti-horário na posição de 12 h na base (Figura 2.21). Múltiplos planos transversos podem ser obtidos a partir dessa projeção pela varredura mediolateral, fornecendo os planos em diversos níveis do coração, desde as veias sistêmicas até o plano transverso dos ventrículos.

Plano transversal ao nível dos músculos papilares: obtidos a partir do plano da base pela varredura lateral do feixe de ultrassom para a esquerda do paciente (Figura 2.22).

A partir desse ponto, por meio de movimento para o lado oposto, apontando-se para a direita do fígado, obtém-se o subcostal longitudinal das veias sistêmicas (Figura 2.23) e, ao colocar-se o transdutor em pé (a pino) com o apontador em 12 h, observa-se o plano longitudinal da aorta abdominal proximal (Figura 2.24).

Janela supraesternal

Planos longitudinais (Figura 2.25): obtidos, em decúbito dorsal, posicionando-se o transdutor acima do manúbrio, com

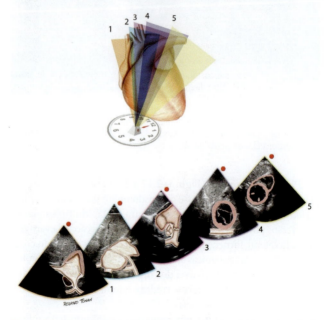

Figura 2.20 Planos transversais obtidos na janela subcostal transversa. 1: via de entrada do átrio direito; 2: átrios; 3: base; 4: valva mitral; 5: músculos papilares.

2 PLANOS ECOCARDIOGRÁFICOS 31

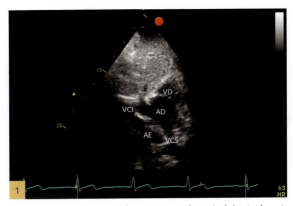

Figura 2.21 Janela subcostal, plano transversal ao nível da via de entrada do átrio direito. AD: átrio direito; VD: ventrículo direito; AE: átrio esquerdo; VCI: veia cava inferior; VCS: veia cava superior.

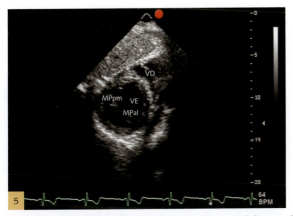

Figura 2.22 Janela subcostal, plano transversal do VE ao nível da musculatura papilar. VD: ventrículo direito; VE: ventrículo esquerdo; MPal: músculo papilar anterolateral; MPpm: músculo papilar posteromedial.

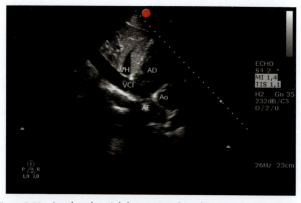

Figura 2.23 Janela subcostal demonstrando o diâmetro da veia cava inferior e da veia hepática. VCI: veia cava inferior; AD: átrio direito; AE: átrio esquerdo; Ao: aorta; VH: veia hepática.

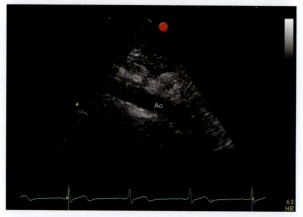

Figura 2.24 Janela subcostal demonstrando o plano longitudinal da aorta abdominal proximal (Ao).

2 PLANOS ECOCARDIOGRÁFICOS 33

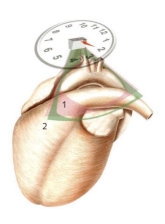

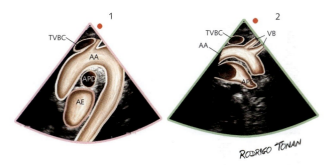

Figura 2.25 Janela supraesternal longitudinal demonstrando os vasos da base e o arco aórtico descendente. 1: Tronco venoso braquiocefálico (TVBC), arco aórtico (AA), artéria pulmonar direita (APD) e o átrio esquerdo (AE). 2: Projeção anteriorizada demonstrando a artéria pulmonar esquerda (APE) e a porção mais anterior do arco aórtico (AA) e vasos da base (VB).

o pescoço confortavelmente em hiperextensão, com o apontador para o lado esquerdo do paciente, em posição de 2 h (Figura 2.26). Múltiplos planos longitudinais podem ser obtidos dessa projeção pela simples inclinação anterior e posterior do feixe de ultrassom. O plano transverso (Figura 2.27) é obtido pela rotação horária do transdutor em 90° na posição de 5 h (Figura 2.28).

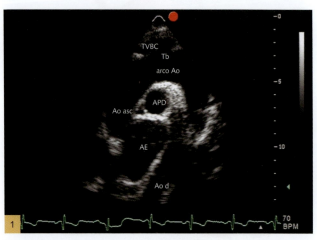

Figura 2.26 Janela supraesternal, plano longitudinal. Observar os vasos emergentes do arco aórtico: tronco braquiocefálico e as artérias carótida e subclávia esquerdas. Ao: aorta; APD: ramo direito da artéria pulmonar; Tb: tronco braquiocefálico; AE: átrio esquerdo; TVBC: tronco venoso braquiocefálico.

2 PLANOS ECOCARDIOGRÁFICOS 35

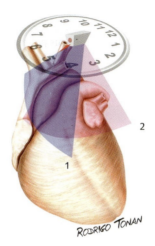

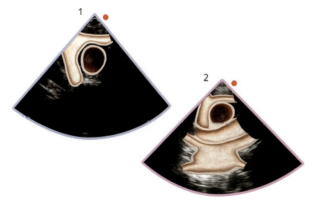

Figura 2.27 Janela supraesternal. 1: Plano transversal anterior. 2: Plano transversal posterior.

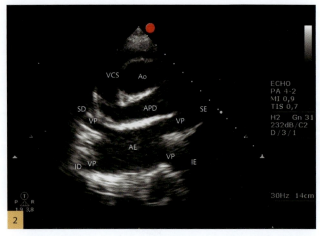

Figura 2.28 Janela supraesternal, plano transversal posteriorizado. AE: átrio esquerdo; Ao: aorta; APD: ramo direito da artéria pulmonar; ID: inferior direita; IE: inferior esquerda; SD: superior direita; SE: superior esquerda; VCS: veia cava superior; VP: veia pulmonar.

3
Doppler

Ecocardiografia com Doppler

Equação Doppler

A ecocardiografia com Doppler é uma modalidade de ultrassom que permite a detecção da velocidade, da direção e do padrão do fluxo sanguíneo em todo o sistema cardiovascular e baseia-se na medida da diferença entre a frequência da onda emitida pelo cristal piezoelétrico e a refletida pelas hemácias ou tecido em movimento. A variação entre a frequência emitida e a refletida é denominada mudança Doppler (Doppler *shift*). Quando se avalia um alvo em movimento, ocorre a dispersão retrógrada do ultrassom para o transdutor. Desse modo, a frequência observada, quando o alvo estiver se movendo em direção ao transdutor, será maior do que a frequência emitida, enquanto a frequência observada, quando o alvo estiver se afastando do transdutor, será menor que a emitida (Figura 3.1).

A relação entre a mudança da frequência do sinal Doppler e a velocidade do fluxo sanguíneo é expressa pela equação Doppler. Esta demonstra que a mudança do sinal Doppler (Fr – Ft) é diretamente proporcional à velocidade do alvo móvel (v) e inversamente proporcional à velocidade do som no meio (c),

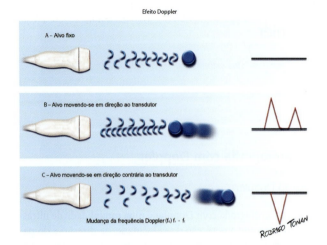

Figura 3.1 (A) Quando o alvo está imóvel, não há registro de sinal ao Doppler. (B) Quando o alvo se move em direção ao transdutor, os sinais são demonstrados acima da linha de base. (C) Quando o alvo se move em direção contrária ao transdutor, os sinais são demonstrados abaixo da linha de base. Fr: frequência refletida; Ft: frequência transmitida.

à frequência transmitida pelo transdutor (Ft) e ao cosseno do ângulo de incidência (cos Θ). Essa equação pode ser utilizada para o cálculo da velocidade do fluxo sanguíneo (Figura 3.2).

O ângulo entre o feixe de ultrassom e o fluxo é criticamente importante para o cálculo da velocidade do fluxo do sangue. O cosseno de um ângulo de 0° ou 180° (em paralelo no sentido do transdutor ou no sentido contrário) é 1, permitindo que esse termo seja ignorado quando o feixe de ultrassom está alinhado em paralelo com a direção do fluxo do sangue. Por outro lado, o cosseno de 90°

é zero, indicando que não vai haver registro algum se o feixe de ultrassom estiver perpendicular ao fluxo do sangue (Figura 3.2).

$$\Delta f = v \times 2F_0 \times \cos \Theta / c \rightarrow V = c (Fr - Ft) / 2Ft (\cos \Theta)$$

Então:

$$v = \frac{(Fr - Ft)}{2 \, Ft \, (\cos \Theta)} \times c$$

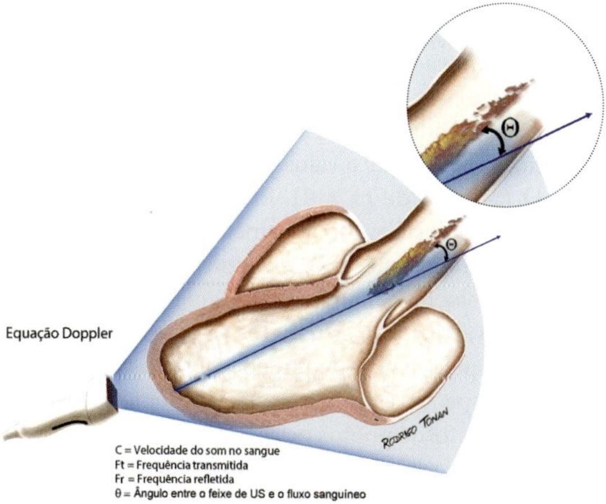

Equação Doppler

C = Velocidade do som no sangue
Ft = Frequência transmitida
Fr = Frequência refletida
θ = Ângulo entre o feixe de US e o fluxo sanguíneo

Figura 3.2 Equação Doppler, em que c é a velocidade do som no sangue (1.540 m/s), cos Θ é o ângulo de interceptação entre o feixe de ultrassom e a direção do fluxo do sangue, e 2 é um fator de correção do tempo de trânsito de ida e volta da onda sonora.

c = velocidade do som no sangue (1.540 m/s).

Θ = ângulo de interceptação entre o feixe de US e a direção do fluxo sanguíneo.

2 = fator de correção do tempo de ida e volta da onda sonora.

Δf = desvio Doppler (diferença entre a frequência emitida e a recebida).

Assim, quanto maior o ângulo Θ, menor seu cosseno (valor menor que 1). Para que não se subestime a velocidade (V) quando o ângulo Θ for maior que zero, aplica-se à fórmula um fator de correção da velocidade (para mais) por meio da multiplicação da velocidade transmitida no denominador da fórmula pelo cosseno de Θ [2Ft (cos Θ)]. Portanto, na equação Doppler, a presença do cosseno de Θ, no denominador da equação, é um fator de correção da velocidade real, que é utilizada mais frequentemente em técnicas de Doppler vascular, pois nessa condição é mais fácil se prever a direção do fluxo dentro de um vaso sanguíneo.

Nas aplicações em cardiologia do Doppler, o feixe de ultrassom deve ser alinhado o mais paralelo possível em relação à direção do fluxo, de modo que o valor 1 seja sempre atribuído ao cosseno de Θ (ângulo de Θ = 0). Em geral, os equipamentos modernos já fazem isto automaticamente.

Portanto, em um espectro de Doppler completo, cada ponto demonstra as velocidades encontradas em todo o campo ultrassonográfico investigado, e as maiores velocidades, que em geral são compostas pela maior quantidade de sinais, ficam dispostas nas bordas do espectro Doppler, conhecidas como *envelope*. Como a maior quantidade de pontos ocasiona maior brilho, as maiores velocidades sempre se apresentam mais brilhantes nos bordos do espectro, formando o *envelope*. Portanto, a presença do *envelope* em qualquer sinal de Doppler é um indício de que o feixe de ultrassom se encontra paralelo e no centro do fluxo ou estrutura investigada (Figura 3.3).

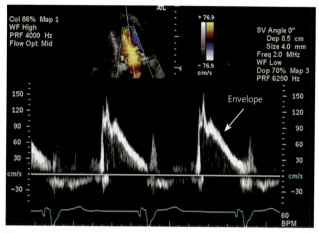

Figura 3.3

Recomendações para a técnica de registro e medidas

Doppler pulsátil

O Doppler pulsátil permite uma amostragem das velocidades de fluxo do sangue a partir de uma profundidade intracardíaca conhecida. Um pulso de ultrassom é transmitido e, então, depois de um intervalo de tempo determinado pela profundidade de interesse, o transdutor realiza uma "amostragem" rápida dos sinais refletidos. Esse ciclo do transdutor constituído por transmitir-esperar-receber é repetido em um intervalo chamado de frequência de repetição de pulso (PRF). Como o intervalo "esperar" é determinado pela profundidade de interesse, o tempo que o ultrassom leva para ir e vir dessa profundidade determina o PRF.

A avaliação da variação máxima da frequência (limite de Nyquist) detectada é limitada até a metade do PRF.

$$PRF = 2 \times \text{limite de Nyquist}$$

O limite de Nyquist se aplica a qualquer sistema baseado em observações intermitentes. Na Figura 3.4, a posição de um ponto em uma roda de um automóvel é exibida para um observador estático. A velocidade da roda é progressivamente aumentada a partir

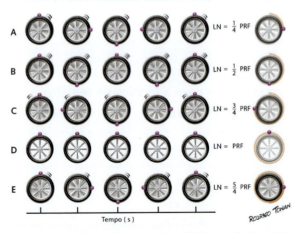

Figura 3.4 Ilusões observadas por conta do fenômeno de Nyquist (Harry Nyquist, 1889-1976). LN: limite de Nyquist; PRF: frequência de repetição de pulso.

das ilustrações do topo para as de baixo da ilustração. Tendo-se como base a visão neste exemplo, na coluna A, a roda gira a uma velocidade que contém ¼ do PRF (da luz). Assim, o observador nota a velocidade e o sentido horário corretos do movimento.

A amostra de volume deve ser ajustada entre 3 e 5 mm, os filtros devem ser colocados em níveis baixos para garantir que as baixas velocidades próximas à linha de base sejam detectadas, e a velocidade de varredura deve estar entre 50 e 100 mm/s.

Doppler contínuo

O Doppler contínuo é utilizado para medir altas velocidades, para isso, enquanto um cristal fica dedicado a "falar" outro fica dedicado a "escutar" (Figura 3.5) o fluxo que passa por meio de orifícios em que ocorre a sua aceleração, como valvas estenóticas ou orifícios valvares regurgitantes. Essas velocidades (v) são convertidas em gradientes de pressão aplicando-se a equação de Bernoulli simplificada, como segue.

$$\Delta P \text{ (mmHg)} = 4v^2$$

Em que: ΔP é o gradiente de pressão (em mmHg);
v é a velocidade máxima do sangue (em m/s).

Essa equação só pode ser utilizada desde que a velocidade proximal à obstrução não ultrapasse 1,5 m/s.

Em contraste com o Doppler pulsátil, o contínuo detecta as velocidades de todas as células vermelhas que se movem ao longo do feixe de ultrassom. Essa propriedade é obtida em razão da emissão contínua e ininterrupta de pulsos, diferindo do Doppler pulsátil, em que há emissão de novos pulsos após a recepção do primeiro pulso emitido (Figura 3.5).

Para isso, são empregados dois cristais piezoelétricos distintos funcionando de forma simultânea: um para emitir e outro para receber os sinais.

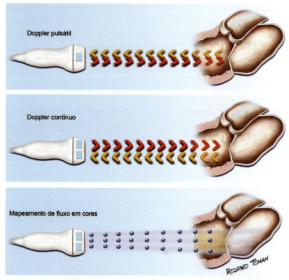

Figura 3.5 Representação esquemática dos três tipos de Doppler: pulsátil, contínuo e mapeamento de fluxo em cores. No Doppler pulsátil, transmite-se um pulso de ultrassom e, depois de um intervalo determinado pela profundidade estudada, o transdutor mostra rapidamente os sinais refletidos. Esse ciclo do transdutor constituído pela transmissão-espera-recepção das ondas de US é repetido em um intervalo conhecido como frequência de repetição de pulso (PRF). Esse tempo de reflexão determina a profundidade máxima estudada. O Doppler contínuo capta todas as velocidades que se movem ao longo do feixe de ultrassom em razão da emissão e da recepção contínua de pulsos por dois cristais diferentes. Já o mapeamento de fluxo em cores é formado por método de autocorrelação de múltiplas amostras de Doppler pulsátil na área investigada.

Mapeamento do fluxo em cores

O mapeamento do fluxo em cores é baseado nos princípios do Doppler pulsátil. No entanto, em vez de um único volume de amostragem localizado ao longo do feixe de ultrassom, são avaliadas diversas amostras ao longo de cada linha de amostragem. Assim, ao longo de cada linha de varredura, um pulso de ultrassom é transmitido e, então, sinais dispersos são recebidos de cada amostra ao longo de cada linha de varredura. Para calcular dados precisos de velocidade, são usadas diversas descargas ao longo de cada linha de varredura. O PRF, como no Doppler pulsátil convencional, é determinado pela profundidade máxima do volume de amostragem.

As velocidades são mostradas utilizando-se uma escala de cores em que o vermelho representa o fluxo em direção ao transdutor e o azul, o fluxo de direção oposta. Para determinar a velocidade do fluxo, analisa-se o brilho da cor. Os fluxos de maior velocidade são expressos por tonalidades mais claras da mesma cor. Desse modo, as altas velocidades emitem as cores vermelho-clara ou azul-clara, enquanto as baixas velocidades de fluxo resultam nas cores vermelho-escura ou azul-escura. O mosaico representa velocidades acima do limite de Nyquist e indica a grande variação das velocidades da amostra (Figuras 3.6 e 3.7).

Doppler tecidual

O princípio Doppler tecidual permite medir a movimentaçao do miocárdio usando o Doppler pulsátil (com o volume da amostragem posicionado em um local específico no miocárdio) e o Doppler colorido (para visibilizar a movimentação do miocárdio em todo o plano da imagem). Essa modalidade é utilizada com filtros que privilegiam os sinais de baixa velocidade e alta amplitude, comumente emitidos pelo miocárdio. O Doppler tecidual es-

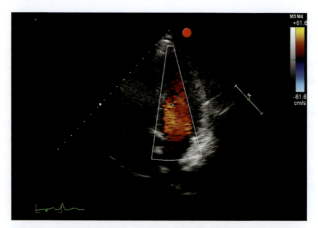

Figura 3.6 Doppler colorido mapeando o fluxo da via de entrada do ventrículo esquerdo em direção ao transdutor (fluxo em vermelho).

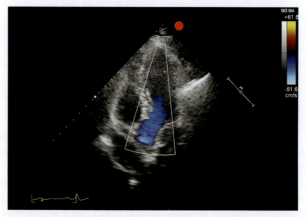

Figura 3.7 Doppler colorido mapeando o fluxo da via de saída do ventrículo esquerdo em direção oposta ao transdutor (fluxo em azul).

pectral pulsado somente pode ser obtido em tempo real, enquanto o Doppler colorido bidimensional permite a análise das velocidades de tecido *a posteriori*. As velocidades obtidas pelo Doppler colorido são geralmente maiores do que os valores obtidos no Doppler tecidual espectral (Figura 3.8).

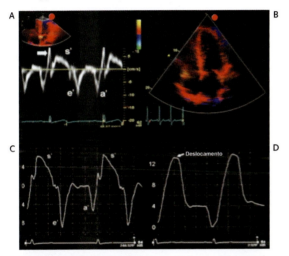

Figura 3.8 Registro do movimento do miocárdio em determinado ponto pelo Doppler tecidual pulsátil e codificado por cores. O Doppler pulsátil (A) reproduz o movimento do miocárdio somente na região de interesse. Nesse exemplo, o volume de amostra está localizado no septo basal em plano apical de quatro câmaras. A codificação por cores coleta a velocidade do tecido em todo o campo da imagem do ultrassom (B). A região de interesse pode ser colocada em qualquer lugar no setor para mostrar a velocidade do tecido (C). Na orientação longitudinal (apical), os movimentos de base para o ápice em sístole (S') retratam a polaridade positiva e os movimentos que se afastam do ápice em direção à base produzem velocidade diastólica negativa precoce (e') e tardia (a'). A integração do sinal da velocidade do tecido com o tempo produz o deslocamento (D), que indica a distância percorrida por esse ponto.

4
Quantificação das cavidades cardíacas

As quantificações do tamanho das câmaras cardíacas, da massa e da função ventricular estão entre as informações de maior relevância clínica e são as mais solicitadas entre os estudos ecocardiográficos, pelo impacto destes parâmetros no manejo clínico dos pacientes.

Apesar de todas as melhorias geradas pelo avanço tecnológico, o registro de imagem de boa qualidade ainda requer considerável perícia e atenção a certos detalhes técnicos (Tabela 4.1).

As Tabelas 4.2 e 4.3 mostram os valores de normalidade das diferentes estruturas cardíacas em homens e mulheres. Observam-se também, nessas tabelas, valores de aumentos considerados discretos, moderados e importantes.

Ventrículo esquerdo (VE)

Para obtenção das medidas lineares do ventrículo esquerdo de forma acurada, o registro deve ser feito na janela paraesternal pelo modo bidimensional.

A medida pelo modo bidimensional evita o problema comum de imagens paraesternais oblíquas, o que pode resultar em superestimativa das dimensões das cavidades e espessura (Figuras 4.1a e 4.1b).

O diâmetro diastólico final e o sistólico final do ventrículo esquerdo e as espessuras miocárdicas são aferidos no plano paraesternal longitudinal, de maneira perpendicular ao eixo principal do ventrículo, sempre com auxílio do traçado eletrocardiográfico.

O final da diástole pode ser definido como o primeiro quadro do complexo QRS ou, preferencialmente, como o quadro imediatamente antes do fechamento da valva mitral ou, ainda, o quadro no qual se observa maior dimensão da cavidade ventricular esquerda (Figura 4.2). O final da sístole é mais bem definido como o quadro precedendo a abertura diastólica inicial da valva mitral

Tabela 4.1 Elementos para a aquisição da imagem ecocardiográfica para a quantificação das cavidades

Objetivo	Procedimento
Minimizar o movimento do coração	Respiração suave ou apneia expiratória
Aperfeiçoar a resolução	Profundidade adequada da imagem Maior frequência possível do transdutor Ajuste apropriado dos ganhos, escala de cinza, ganho lateral Frequência de repetição do ultrassom ≥ 30/s Imagem harmônica Imagem bidimensional em cores
Evitar encurtamento apical	Decúbito lateral esquerdo com inclinação Maca adaptada com orifício Evitar a dependência do *ictus cordis*
Maximizar a borda endocárdica	Delineamento das bordas com contraste
Identificar o final da diástole e da sístole	Movimento da valva mitral e variação do tamanho da cavidade, mais confiáveis que o ECG

Tabela 4.2 Valores para indivíduos do sexo masculino

	Valores normais	Aumento discreto	Aumento moderado	Aumento importante
VSVE e aorta				
Anel aórtico	23-29	30-33	34-37	> 37
Raiz da aorta (seios de Valsalva)	31-37	37-40	40-43	> 44
Junção sinotubular	26-32	33-36	36-39	> 40
Aorta ascendente proximal	26-34	35-39	40-43	> 44
Átrio esquerdo				
Diâmetro anteroposterior do AE (mm)	30-40	41-46	47-52	> 52
Volume do AE (mL/m^2)	16-34	35-41	42-48	> 48
Dimensões do ventrículo esquerdo				
DDVE (mm)	42-58	59-63	64-68	> 68
DDVE/SC (mm/m^2)	22-30	31-33	34-36	> 36
DSVE (mm)	25-40	41-43	44-45	> 45
DSVE/SC (mm/m^2)	13-21	22-23	24-25	> 25
Volumes do VE				
VDFVE (mL)	62-150	151-174	175-200	> 200
VDFVE/SC (mL/m^2)	34-74	75-89	90-100	> 100
VSFVE (mL)	21-61	62-73	74-85	> 85
VSFVE/SC (mL/m^2)	11-31	32-38	39-45	> 45

(continua)

Tabela 4.2 Valores para indivíduos do sexo masculino *(continuação)*

	Valores normais	Aumento discreto	Aumento moderado	Aumento importante
Função ventricular esquerda				
Fração de ejeção do VE (%)	52-72	41-51	30-40	< 30
Massa ventricular esquerda por método linear				
SIV (mm)	6-10	11-13	14-16	> 16
PPVE (mm)	6-10	11-13	14-16	> 16
Massa ventricular esquerda (g)	88-224	225-258	259-292	> 292
Massa ventricular esquerda/SC (g/m^2)	49-115	116-131	132-148	> 148
Massa ventricular esquerda pelo método 2D				
Massa ventricular esquerda (g)	96-200	201-227	228-254	> 254
Massa ventricular esquerda/SC (g/m^2)	50-102	103-116	117-130	> 130

AE: átrio esquerdo; VSVE: via de saída do ventrículo esquerdo; DDVE: diâmetro diastólico do ventrículo esquerdo; DSVE: diâmetro sistólico do ventrículo esquerdo; VDFVE: volume diastólico final do ventrículo esquerdo; VSFVE: volume sistólico final do ventrículo esquerdo; SIV: septo interventricular; PPVE: parede posterior do ventrículo esquerdo; VE: ventrículo esquerdo.

Tabela 4.3 Valores para indivíduos do sexo feminino

	Valores normais	Aumento discreto	Aumento moderado	Aumento importante
VSVE e aorta				
Anel aórtico	21-25	26-29	29-32	> 32
Raiz da aorta (seios de Valsalva)	27-33	34-37	37-40	> 40
Junção sinotubular	23-29	30-33	34-37	> 38
Aorta ascendente proximal	23-31	32-36	37-41	> 42
Átrio esquerdo				
Diâmetro anteroposterior do AE (mm)	27-38	39-42	43-46	> 47
Volume do AE (mL/m^2)	16-34	35-41	42-48	> 48
Dimensões do ventrículo esquerdo				
DDVE (mm)	38-52	53-56	57-61	> 61
DDVE/SC (mm/m^2)	23-31	32-34	35-37	> 37
DSVE (mm)	22-35	36-38	39-41	> 41
DSVE/SC (mm/m^2)	13-21	22-23	24-26	> 26
Volumes do VE				
VDFVE (mL)	46-106	107-120	121-130	> 130
VDFVE/SC (mL/m^2)	29-61	62-70	71-80	> 80
VSFVE (mL)	14-42	43-55	56-67	> 67
VSFVE/SC (mL/m^2)	8-24	25-32	33-40	> 40

(continua)

Tabela 4.3 Valores para indivíduos do sexo feminino *(continuação)*

	Valores normais	Aumento discreto	Aumento moderado	Aumento importante
Função ventricular esquerda				
Fração de ejeção do VE (%)	54-74	41-53	30-40	< 30
Massa ventricular esquerda por método linear				
SIV (mm)	6-9	10-12	13-15	> 15
PPVE (mm)	6-9	10-12	13-15	> 15
Massa ventricular esquerda (g)	67-162	163-186	187-210	> 210
Massa ventricular esquerda/SC (g/m^2)	43-95	96-108	109-121	> 121
Massa ventricular esquerda pelo método 2D				
Massa ventricular esquerda (g)	66-150	151-171	172-193	> 193
Massa ventricular esquerda/SC (g/m^2)	44-88	89-100	101-112	> 112

AE: átrio esquerdo; VSVE: via de saída do ventrículo esquerdo; DDVE: diâmetro diastólico do ventrículo esquerdo; DSVE: diâmetro sistólico do ventrículo esquerdo; VDFVE: volume diastólico final do ventrículo esquerdo; VSFVE: volume sistólico final do ventrículo esquerdo; SIV: septo interventricular; PPVE: parede posterior do ventrículo esquerdo; VE: ventrículo esquerdo.

4 QUANTIFICAÇÃO DAS CAVIDADES CARDÍACAS 55

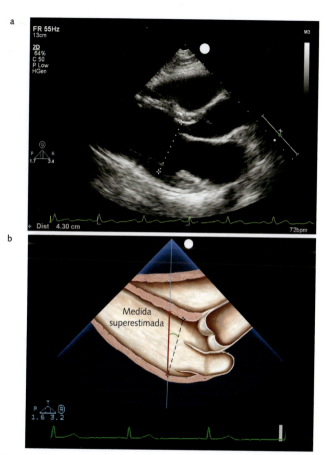

Figuras 4.1a e 4.1b Esquema de posicionamento do cursor do modo unidimensional. Plano paraesternal longitudinal baixo demonstrando como os diâmetros podem ser superestimados se medidos pelo modo unidimensional, caso este não esteja perfeitamente alinhado.

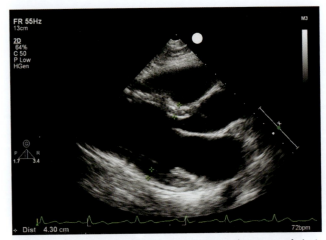

Figura 4.2 Determinação da diástole final. Pode-se utilizar como referência o primeiro quadro do complexo QRS do eletrocardiograma, aquele imediatamente antes do fechamento da valva mitral ou, ainda, o quadro no qual se observa maior dimensão da cavidade ventricular esquerda.

ou aquele no qual se observa menor cavidade ventricular esquerda em um batimento cardíaco normal (Figura 4.3).

Ventrículo direito (VD)

A avaliação do diâmetro diastólico do ventrículo direito pode ser feita em múltiplos planos, entretanto, como rotina em exames em adultos, se uma medida tiver de ser escolhida, a mais adequada é a do plano apical de quatro câmaras, na porção logo abaixo do anel tricuspídeo, tomando-se cuidado para evitar o encurtamento da cavidade (Figura 4.4 e Tabela 4.4).

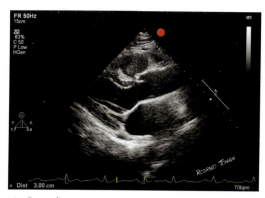

Figura 4.3 Ecocardiograma transtorácico no plano paraesternal longitudinal mostrando a medida do diâmetro diastólico final do VE pelo modo 2D (bidimensional).

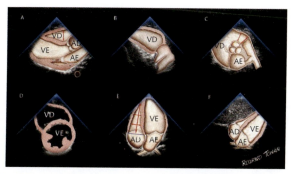

Figura 4.4 Representação esquemática dos planos ecocardiográficos utilizados para a avaliação do ventrículo direito. A: paraesternal, eixo longo; B: eixo longo da via de entrada; C: paraesternal, eixo curto na base do coração; D: paraesternal, eixo curto no nível dos músculos papilares; E: apical de quatro câmaras; F: subcostal longitudinal. Ao: aorta; AE: átrio esquerdo; VE: ventrículo esquerdo; AD: átrio direito; VD: ventrículo direito.

Tabela 4.4 Valores de referência atualizados das dimensões do ventrículo direito, via de saída do ventrículo direito e átrio direito

Parâmetro	Média ± DP	Faixa de normalidade
Diâmetro basal do VD A4C (mm)	33 ± 4	25-41
Diâmetro porção média do VD A4C (mm)	27 ± 4	19-35
Diâmetro longitudinal do VD (PEL) (mm)	71 ± 6	59-83
Diâmetro da VSVD (PEL) (mm)	25 ± 2,5	20-30
Diâmetro proximal da VSVD (PEL) (mm)	28 ± 3,5	21-35
Diâmetro distal da VSVD (PEL) (mm)	22 ± 2,5	17-27
Espessura de parede do VD (mm)	3 ± 1	1-5
Área da VSVD (cm^2)		
Homem	17 ± 3,5	10-24
Mulher	14 ± 3	8-20
Área da VSVD indexada (cm^2/m^2)		
Homem	8,8 ± 1,9	5-12,6
Mulher	8,0 ± 1,75	4,5-11,5
Área do VD (cm^2)		
Homem	9 ± 3	3-15
Mulher	7 ± 2	3-11
Área do VD indexada (cm^2/m^2)		
Homem	4,7 ± 1,35	2,0-7,4
Mulher	4,0 ± 1,2	1,6-6,4
VDF VD indexado (mL/m^2)		
Homem	61 ± 13	35-87
Mulher	53 ± 10,5	32-74
VSF VD indexado (mL/m^2)		
Homem	27 ± 8,5	10-44
Mulher	22 ± 7	8-36

VD: ventrículo direito; VSF: volume sistólico final; VDF: volume diastólico final; PEL: paraesternal longitudinal; VSVD: via de saída do ventrículo direito.

Átrio esquerdo (AE)

O átrio esquerdo é medido em seu diâmetro anteroposterior. Utiliza-se o modo bidimensional, no plano paraesternal longitudinal (Figura 4.5). Deve-se realizar a medida ao final da sístole, no mesmo nível dos seios aórticos, perpendicularmente à aorta.

O método de Simpson, da mesma forma que é aplicado para medida dos volumes do ventrículo esquerdo, é obtido através do contorno do átrio em dois planos ortogonais (apical de quatro e duas câmaras) (Figuras 4.6 e 4.7). Deve-se tomar cuidado de excluir as veias pulmonares do traçado, e a borda inferior deve representar o plano do anel mitral.

Os valores das dimensões, das áreas e dos volumes atriais são descritos nas Tabelas 4.2 e 4.3.

O volume indexado do átrio direito é similar aos valores de referência para o átrio esquerdo em indivíduos do sexo masculino (32 mL/m^2), mas parece ser discretamente menor em mulheres (Tabela 4.4).

Avaliação da função atrial pela ecocardiografia

Existem vários parâmetros que são extremamente sensíveis para a avaliação da função atrial esquerda. Estes podem estar alterados muito antes que aumentos volumétricos desta câmara ocorram. A fim de calcular estes parâmetros, é necessário que se mensure o volume atrial esquerdo máximo (VAE$_{máx}$), volume atrial esquerdo mínimo (VAE$_{mín}$), volume atrial esquerdo pré--onda A (VAE$_{pré\,A}$), o *strain rate* sistólico (SR AE) e o *strain* diastólico (Sd AE) (ocorre no pico da sístole ventricular), ambos do átrio esquerdo.

O VAE$_{máx}$ ocorre antes da abertura valvar mitral, e o VAE$_{mín}$ ocorre antes do fechamento da valva mitral, imediatamente após

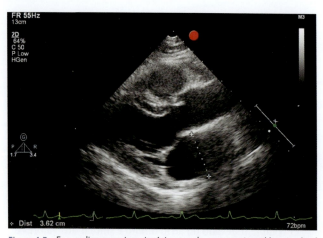

Figura 4.5 Ecocardiograma transtorácico no plano paraesternal longitudinal com a medida linear do diâmetro anteroposterior do AE no final da sístole, no nível do seio de Valsalva, paralelo ao anel mitral.

a contração atrial (onda p do ECG). O volume total de esvaziamento atrial esquerdo é uma estimativa do reservatório atrial, que é calculado pela diferença dos $VAE_{máx} - VAE_{mín}$.

Ainda, a função de bomba do átrio esquerdo pode ser calculada por sua fração de ejeção (FEAE), estimada por (Figura 4.8):

$$FEAE = (VAE_{máx} - VAE_{mín}) / VAE_{máx}$$

O $VAE_{pré\,A}$, menos o $VAE_{máx}$, expressa o volume de esvaziamento passivo do átrio esquerdo, ou sua função de conduíte. O volume de conduíte do átrio esquerdo também pode ser calculado pela diferença entre o volume ejetado do ventrículo esquerdo menos o volume total de esvaziamento total do átrio esquerdo.

O volume de esvaziamento ativo do átrio esquerdo é calculado pela diferença do $VAE_{pré A} - VAE_{mín}$.

Também, a função volumétrica de reservatório atrial pode ser calculada pela fração de expansão do átrio esquerdo (FEx AE) (Figura 4.8):

$$FEx\ AE = (VAE_{máx} - VAE_{mín}) / VAE_{mín}$$

Os valores de normalidade para os diâmetros e volumes para homens e mulheres podem ser encontrados nas Tabelas 4.5 e 4.6. Os valores normais das análises da função atrial podem ser encontrados na Tabela 4.7.

Ainda, como referência, os diâmetros e volumes atriais direitos são também apresentados na Tabela 4.8 e um exemplo de medida do *strain* pode ser encontrado na Figura 4.8.

Aorta

A aorta pode ser anatomicamente dividida em quatro segmentos: raiz da aorta (que inclui o anel valvar aórtico, as valvas aórticas e o seio de Valsalva), aorta ascendente (começa na junção sinotubular e se estende por cerca de 5 a 6 cm até a origem do tronco braquiocefálico), arco aórtico (começa no tronco braquiocefálico e termina após a origem da artéria subclávia esquerda) e aorta descendente (começa no nível do istmo entre a origem da artéria subclávia esquerda e do ligamento arterioso e cursa anteriormente à coluna vertebral e, em seguida, atravessa o diafragma para o abdome) (Figura 4.9, Tabelas 4.1 e 4.2).

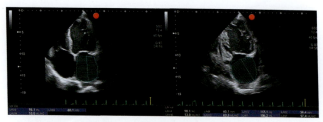

Figura 4.6 Ecocardiograma transtorácico no plano apical de quatro e duas câmaras demonstrando o cálculo do volume atrial esquerdo pelo método de Simpson. Nota-se a exclusão do apêndice atrial esquerdo e das veias pulmonares e a retificação do traçado ao nível do anel mitral.

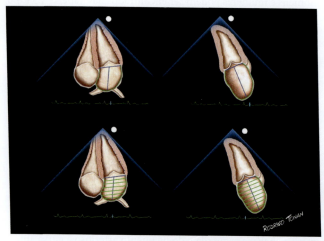

Figura 4.7 Esquema de cálculo do volume atrial esquerdo pelo método da área-comprimento e de Simpson. Nota-se a exclusão do apêndice atrial esquerdo e das veias pulmonares e a retificação do traçado ao nível do anel mitral.

4 QUANTIFICAÇÃO DAS CAVIDADES CARDÍACAS   63

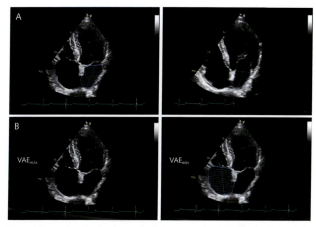

Figura 4.8 A: Fração de ejeção do átrio esquerdo. B: Exemplo de medidas lineares e volumétricas do átrio direito em sístole final. $VAE_{máx}$: volume máximo do átrio esquerdo; VAE_{min}: volume mínimo do átrio esquerdo.

Tabela 4.5 Diâmetros e volume atrial esquerdo (em homens)

Átrio esquerdo	Valor normal	Aumento discreto	Aumento moderado	Aumento importante
Diâmetro anteroposterior do AE (mm)	30-40	41-46	47-52	≥ 53
Diâmetro do AE/ASC (mm/m²)	15-23	24-26	27-29	≥ 30
Área do AE (cm²)	≤ 20	21-30	31-40	≥ 41
Volume do AE (mL)	18-58	59-68	69-78	≥ 79
Volume atrial esquerdo máximo (sistólico) (mL/m²)*	16-34	35-41	42-48	> 48

*Fonte: Lang RM, et al. J Am Soc Echocardiogr. 2015;28,1-39.

Tabela 4.6 Diâmetros e volume atrial esquerdo (em mulheres)

Átrio esquerdo	Valor normal	Aumento discreto	Aumento moderado	Aumento importante
Diâmetro anteroposterior do AE (mm)	27-38	39-42	43-46	> 47
Diâmetro do AE/ASC (mm/m^2)	15-23	24-26	27-29	≥ 30
Área do AE (cm^2)	≤ 20	21-30	31-40	≥ 41
Volume do AE (mL)	22-52	53-62	63-72	≥ 73
Volume atrial esquerdo máximo (sistólico) (mL/m^2)*	16-34	35-41	42-48	> 48

AE: átrio esquerdo; ASC: área de superfície corporal.
*Fonte: Lang RM, et al. J Am Soc Echocardiogr. 2015;28,1-39.

Tabela 4.7 Função atrial esquerda (homens e muheres)

Átrio esquerdo	Unidade	Valor mínimo	Valor máximo
Fração de ejeção do átrio esquerdo (função de bomba)	%	51	73
Fração de expansão do átrio esquerdo (função de reservatório)	%	73	134
Volume atrial esquerdo máximo (sistólico)*	mL/m^2	16	34
Strain rate longitudinal do átrio esquerdo (função de bomba)	s^{-1}	0,91	2,72
Strain longitudinal do átrio esquerdo (função de reservatório)	%	23	47

*Fonte: Lang RM, et al. J Am Soc Echocardiogr. 2015;28,1-39.

Tabela 4.8 Valor normal das medidas do átrio direito

	Feminino	Masculino
Diâmetro em eixo laterolateral (porção média A4C) (cm/m^2)	1,9 ± 0,3	1,9 ± 0,3
Diâmetro em eixo craniocaudal (A4C) (cm/m^2)	2,5 ± 0,3	2,4 ± 0,3
Volume (mL/m^2)	21 ± 6	25 ± 7

Massa ventricular

Para o cálculo adequado da massa ventricular esquerda, os laudos ecocardiográficos devem conter identificação, idade, sexo, peso, altura e área de superfície corporal do paciente. A área de superfície corporal pode ser calculada pela fórmula de Dubois & Dubois, como se segue:

$$\text{ASC (m}^2\text{)} = (0,0001) \times (71,74) \times [\text{peso (kg)}]^{0,425} \times [\text{altura (cm)}]^{0,725}$$

Na prática clínica, os cálculos da massa do ventrículo esquerdo são feitos pelas medidas lineares derivadas diretamente do 2D.

Essa fórmula passou a ser indicada pela ASE, e suas medidas podem ser realizadas pelo modo unidimensional ou pelo 2D.

$$\text{Massa VE (g)} = [(\text{DDVE} + \text{S} + \text{PP})^3 - (\text{DDVE})^3] \times 1,04 \times 0,8 + 0,6$$

O índice de massa do ventrículo esquerdo (g/m^2) é calculado corrigindo-se o valor da massa (g) pela área de superfície corpórea (m^2). É considerado normal o índice de massa ventricular menor

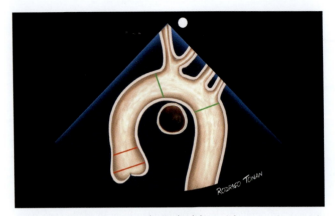

Figura 4.9 A aorta torácica pode ser dividida em três segmentos: a aorta ascendente, que se estende do anel aórtico até a artéria inominada e é normalmente medida no nível do anel aórtico, nos seios de Valsalva, na junção sinotubular, e na aorta ascendente proximal (tubular); o arco aórtico, que se estende da artéria inominada até o ligamento arterioso; e a aorta descendente, que se estende do ligamento arterioso até o nível do diafragma. PA: artéria pulmonar direita.

ou igual a 95 g/m² em mulheres e menor ou igual a 115 g/m² em homens. Acima desses valores, é considerado que o indivíduo apresenta hipertrofia ventricular.

O tipo de geometria ventricular tem significado e importância clínica em indivíduos hipertensos e, em indivíduos sem essa doença, a descrição de remodelamento concêntrico deve ser evitada. Nos indivíduos hipertensos, o padrão geométrico do ventrículo esquerdo (Figura 4.11) é obtido com base no valor do índice de massa e da espessura relativa de parede (ER) do ventrículo esquerdo, que é calculada por:

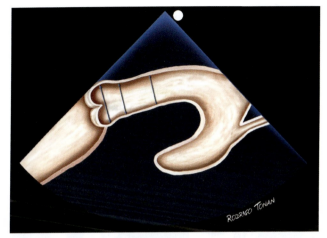

Figura 4.10 Medição do diâmetro da raiz da aorta no plano do anel da valva aórtica, nos seios de Valsalva, e na junção sinotubular. O anel é medido por convenção, na base das válvulas aórticas.

$$ER = \frac{2 \times PP}{DDVE}$$

Sendo: ER = espessura relativa de parede; S = septo; PP = parede posterior; DDVE = diâmetro diastólico do ventrículo esquerdo. Valor normal ≤ 0,42.

Cálculo da massa pelo método bidimensional

A área de secção transversal do segmento médio do VE é calculada pela planimetria na janela paraesternal eixo curto e o comprimento do ventrículo é medido do ponto médio do anel ao ápice na janela apical de quatro câmaras, sempre utilizando como referência os músculos papilares. A espessura parietal média pode ser calculada pela determinação das áreas epicárdicas e endocárdicas do eixo curto do ventrículo esquerdo ao nível médio cavitário. A diferença entre essas duas áreas representa a área miocárdica. Assim, delimita-se o epicárdio para obter a área total (A1) e o endocárdio para obter a área da cavidade (A2). A área do miocárdio (AM) é computada como a diferença:

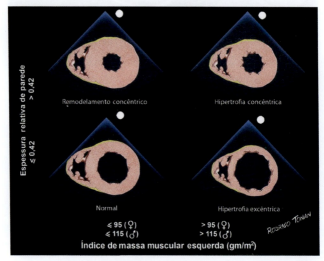

Figura 4.11 Classificação dos vários tipos de hipertrofia miocárdica de acordo com o índice de massa do VE e da espessura relativa de parede. Pacientes com massa ventricular normal podem apresentar remodelamento concêntrico ou geometria normal, enquanto pacientes com aumento da massa apresentam hipertrofia concêntrica ou excêntrica.

$$AM = A1 - A2.$$

Assumindo uma área circular, o raio é calculado:

$$b = A2/\pi$$

e, desse resultado, deriva-se a espessura média da parede:

$$t = A1/\pi \, (-b)$$

A massa ventricular esquerda pode, então, ser calculada pelas seguintes fórmulas:

Área-comprimento
$1,05 \times \{[5/6 \, A1 \, (a + d + t)] - [5/6 \, A2 \, (a + d)]\}$

Elipsoide truncado
$1,05 \times \{(b + t)^2 \, [2/3 \, (a + 1) + d - d^3/3(a + t)^2] - b^2 \, [2/3 \, a + d - d^3/3a^2]\}$

Em que a é o comprimento do maior raio no eixo curto em direção ao ápice, b á o raio do eixo curto (calculado a partir da área da cavidade do eixo curto) e d é o maior eixo truncado do maior diâmetro pelo eixo curto no plano do anel valvar mitral. A Figura 4.12 mostra os planos de imagem ecocardiográficos utilizados para derivar as medidas que serão inseridas nas fórmulas de área-comprimento ou elipsoide truncado, para o cálculo da massa do VE pelo modo 2D.

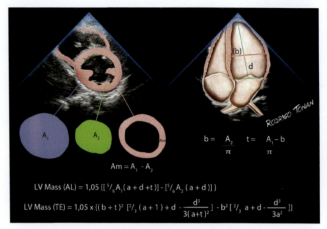

Figura 4.12 Dois métodos para estimar a massa de VE com base nas fórmulas de área-comprimento (AL) ou elipsoide truncado (TE), a partir do eixo curto (à esquerda) e apical de quatro câmaras (à direita), no final da diástole. A1: área total do VE; A2: área da cavidade do VE; Am: área do miocárdio – a é o comprimento do maior raio no eixo curto em direção ao ápice, b é o raio do eixo curto (calculado a partir da área da cavidade do eixo curto), d é o maior eixo truncado do maior diâmetro pelo eixo curto no plano do anel valvar mitral e t é a espessura parietal média.

5
Volumes ventriculares e função sistólica

A avaliação da função sistólica ventricular é uma das aplicações mais importantes da ecocardiografia, de forma que, mesmo quando não é o foco do exame, desempenha papel essencial no estudo. Permanece como um forte preditor de desfechos clínicos nas diferentes doenças cardiovasculares e pode ser avaliada tanto pela análise qualitativa como quantitativa. Nesse contexto, a integração dos dados obtidos pela estimativa visual da função global e regional, os valores quantitativos dos volumes ventriculares e da fração de ejeção mediante a delimitação de bordas do endocárdio e os diferentes índices ecodopplercardiográficos da fase de ejeção constituem, em seu conjunto, ferramentas valiosas para analisar os volumes e a função sistólica de forma não invasiva.

Fórmula de Teichholz

É uma fórmula corrigida para o cálculo do volume ventricular da fórmula do cubo, que pode ser utilizada quando ocorre aumento das dimensões intracavitárias do ventrículo, porém sem alteração da contratilidade segmentar. O coração perde a forma elipsoide e assume um formato mais esférico. Para seu uso adequado, o ventrículo esquerdo deve estar perpendicular ao feixe de modo unidimensional. O volume ventricular é determinado por:

$$V\,(mL) = \frac{7 \times D^3}{2{,}4 + D}$$

Em que V: volume; D: diâmetro. A partir dos valores de volumes diastólico e sistólico, a fração de ejeção é calculada por:

$$FE = \frac{VDF - VSF}{VDF}$$

Em que VDF: volume diastólico final; VSF: volume sistólico final.

Fração de encurtamento ou delta D (ΔD%)

Representa a redução percentual do diâmetro da cavidade do ventrículo esquerdo durante a ejeção ventricular máxima, e é calculada por:

$$\text{Delta D (\%)} = \frac{DDVE - DSVE \times 100}{DDVE}$$

Pode-se avaliar também a fração de encurtamento, entretanto, por conta de ser limitada em pacientes com ventrículos de forma anormal, como após o infarto, com aneurismas, cardiomiopatias hipertróficas e chagásica, seu uso deve ser limitado somente a ventrículos com forma normal e é calculada por:

$$FE = 1{,}3 \times \text{delta D (\%)} + 25$$

Método de Simpson

A fração de ejeção é calculada para cada cilindro e a média total das frações isoladas de cada um representa a fração de ejeção global.

A Tabela 5.1 demonstra os valores normais e de disfunção sistólica do ventrículo esquerdo.

Indiretamente, por medidas derivadas do Doppler, a função sistólica ventricular também pode ser determinada pelos seguintes métodos:

- Cálculo do volume sistólico e débito cardíaco;
- dP/dT do ventrículo esquerdo medida pelo jato de insuficiência mitral;
- Índice de performance miocárdica (IPM) do ventrículo esquerdo ou índice de Tei.

Tabela 5.1 Parâmetros para avaliação da função sistólica do ventrículo esquerdo

	Valor normal	Discretamente anormal	Moderadamente anormal	Diminuição importante
FE VE (%) (H)	≥ 52	41-51	30-40	< 30
FE VE (%) (M)	≥ 54	41-53	30-40	< 30
Fração de encurtamento VE (%) (H)	27-45	22-26	17-21	≤ 16
Fração de encurtamento VE (%) (M)	25-43	20-24	15-19	≤ 14

FE: fração de ejeção; VE: ventrículo esquerdo; H: homens; M: mulheres.

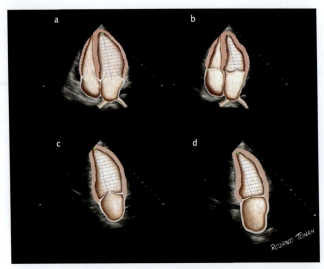

Figura 5.1 Esquema representativo do método de Simpson para a medida da fração de ejeção do ventrículo esquerdo. a: Apical de quatro câmaras em diástole; b: apical de quatro câmaras em sístole; c: apical de duas câmaras em diástole; d: apical de duas câmaras em sístole.

A dP/dT ou contração isovolumétrica VE é um cálculo não invasivo de pressão/tempo e representa uma medida indireta da contratilidade miocárdica. Valores de **dP/dT maiores que 1.200 mmHg/s** indicam função sistólica preservada, quando **menores que 1.000 mmHg/s** mostram disfunção ventricular e, quando menores que 450 mmHg/s, disfunção ventricular grave e de mau prognóstico. Tal método não deve ser aplicado na insuficiência mitral aguda, quando a complacência atrial esquerda está muito reduzida. O IPM deve ser medido preferencialmente pelo Doppler tecidual. É um índice que avalia de forma não geométrica a função global ventricular (sistodiastólica). Quanto maior o tempo de contração e de relaxamento isovolumétrico e quanto menor o tempo de ejeção, maior o IPM e, portanto, pior a função sistodiastólica do ventrículo esquerdo. A faixa **normal relatada é menor que 0,42.**

Função sistólica segmentar

O ventrículo esquerdo é dividido em dezessete segmentos (Figura 5.2).

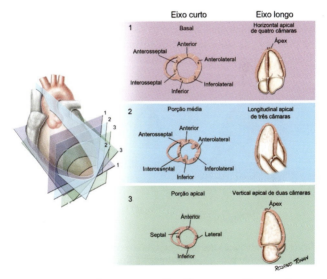

Figura 5.2 Esquema de cortes ecocardiográficos com os 17 segmentos sugeridos pelo Cardiac Imaging Committee of the Council on Clinical Cardiology of the American Heart Association com participação da American Society of Echocardiography.

Para isso, cada parede é dividida em três segmentos (basal, médio e apical), com os seguintes pontos de referência: basal (do anel mitral às extremidades dos papilares); médio (segmento que inclui a extensão dos papilares); apical (após as inserções dos papilares até o final da cavidade). O segmento dezessete corresponde à região do miocárdio, localizada na porção mais apical do ventrículo esquerdo.

A distribuição arterial varia entre os pacientes e a típica irrigação em territórios da artéria coronária direita (ACD), da artéria descendente anterior (ADA) e da artéria circunflexa (ACX) pode ser sobreposta de acordo com a Figura 5.3.

O escore de mobilidade parietal é derivado da soma de todos os escores dividido pelo número de segmentos visibilizados e serve, portanto, de valor tanto diagnóstico como prognóstico nas doenças isquêmicas do coração, que são assim classificadas:

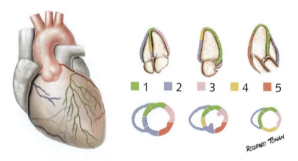

Figura 5.3 Distribuição dos segmentos de acordo com os territórios coronarianos, de acordo com o Cardiac Imaging Committee of the Council on Clinical Cardiology of the American Heart Association com participação da American Society of Echocardiography. 1: Artéria coronária interventricular anterior; 2: artéria coronária direita; 3: artéria coronária circunflexa; 4: artérias interventricular anterior ou coronária direita; 5: artéria coronária direita ou artéria coronária circunflexa.

Segmentos normais ou hipercinéticos	Escore = 1
Segmentos hipocinéticos	Escore = 2
Segmentos acinéticos	Escore = 3
Segmentos discinéticos, ou seja, com movimento sistólico paradoxal	Escore = 4

O escore de mobilidade fornece um dado útil sobre a função sistólica global do ventrículo esquerdo. A função ventricular esquerda pode ser assim estimada por meio do Índice do Escore de Mobilidade de Parede:

Normal	Escore = 1
Disfunção discreta	Escore > 1 e ≤ 1,6
Disfunção moderada	Escore > 1,6 a < 2,0
Disfunção importante	Escore ≥ 2,0

Volume e função sistólica do ventrículo direito

Na sístole, o sangue é ejetado do ventrículo direito por meio do encurtamento da parede livre com o deslocamento do anel da valva tricúspide em direção ao ápice e pelo movimento da parede livre em direção ao septo. Vários parâmetros ecocardiográficos têm sido utilizados para a avaliação da função sistólica e diastólica e estão demonstrados nas Tabelas 5.2 e 5.3.

A função sistólica também pode ser avaliada pelo IPM do ventrículo direito (índice de Tei).

Esse índice pode ser obtido por meio de dois métodos: Doppler pulsátil e Doppler tecidual. O valor de referência no limite superior é 0,43 no Doppler pulsátil e 0,54 no Doppler tecidual.

Tabela 5.2 Valores normais para parâmetros da função ventricular direita

Parâmetro	Média e desvio padrão	Valores de normalidade
TAPSE (mm)	24 ± 3,5	≥ 17
Onda S do Doppler tecidual (cm/s)	14,1 ± 2,3	≥ 9,5
Onda S do Doppler tecidual colorido (cm/s)	9,7 ± 1,85	≥ 6,0
Mudança fracional de área (%)	49 ± 7	≥ 35
Strain de parede livre do VD (%)	−29 ± 4,5	≤ −20 (< 20 em magnitude com sinal negativo)
FEVD pelo 3D (%)	58 ± 6,5	≥ 45
IPM pelo Doppler pulsátil	0,26 ± 0,085	≤ 0,43
IPM pelo Doppler tecidual	0,38 ± 0,08	≤ 0,54
Tempo de desaceleração da onda E (ms)	180 ± 31	≥ 119 e ≤ 242
E/A	1,4 ± 0,3	≥ 0,8 e ≤ 2,0
e'/a'	1,18 ± 0,33	≥ 0,52
e'	14,0 ± 3,1	≥ 7,8
E/e'	4,0 ± 1,0	≤ 6,0

Tabela 5.3 Valores de referência da mudança fracional de área do ventrículo direito (FAC%)

	Normal	Redução discreta	Redução moderada	Redução importante
Mudança fracional da área do VD (%)	35-60	25-34	18-24	≤ 17

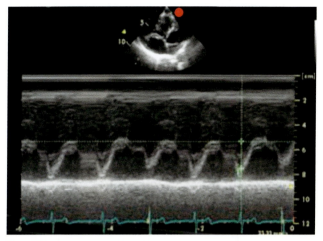

Figura 5.4 Deslocamento do anel tricúspide (*tricuspid anular plane systolic excursion* – TAPSE).

Speckle tracking

O *strain* sistólico longitudinal e circunferencial é representado com valores negativos, uma vez que, considerando-se esses planos nessa fase do ciclo, ocorre a aproximação entre os pontos, fazendo com que o comprimento final seja menor do que o inicial (Figuras 5.5b e 5.5c).

Torção cardíaca

Os giros em direções opostas promovem o chamado *twist* cardíaco (Figura 5.6). Matematicamente, isso é expresso em graus ou radianos por meio da seguinte fórmula:

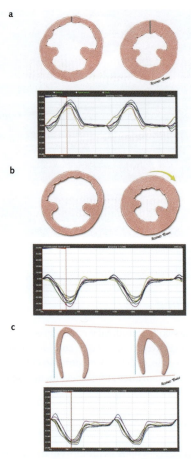

Figura 5.5 Curvas de *strain* nos planos radial (a), circunferencial (b) e longitudinal (c). Cada segmento do ventrículo esquerdo é identificado por uma cor diferente, determinada pelo *software*.

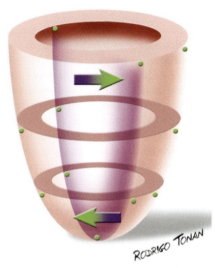

Figura 5.6 Representação da rotação da base em sentido horário e do ápice em sentido anti-horário, resultando no *twist* cardíaco.

$$Twist = \text{rotação apical}° - \text{rotação basal}°$$

O termo "torçao" deve ser empregado quando se divide o *twist* pelo comprimento diastólico do VE em seu eixo longitudinal.

$$\text{Torção} = \frac{\text{rotação apical}° - \text{rotação basal}°}{L} = \frac{twist}{L} \text{ °/cm ou rad/m}$$

Em que L = comprimento do VE no eixo longitudinal.

Sabe-se que, no coração normal, cada cardiomiócito é reponsável por 15% do encurtamento da fibra muscular. As fibras localizadas na alça basal e que estão orientadas horizontal ou transversalmente geram, para os mesmos 15% de encurtamento, uma fração de ejeção de aproximadamente 30%. Por outro lado, na alça apical, onde as fibras estão dispostas em um arranjo helicoidal, essa porcentagem origina uma fração de ejeção (FE) da ordem de 60%. Portanto, nota-se que a forma da banda muscular ventricular helicoidal está intimamente relacionada com a função (ativação elétrica, contração e direcionamento do sangue). Na presença de doenças miocárdicas não isquêmicas (incluindo a cardiomiopatia dilatada), isquêmicas e valvares, ocorre alteração dessa arquitetura, fazendo com que o ventrículo assuma formato esférico e modifique o padrão normal de rotação e torção, o que leva ao prejuízo de seu desempenho sistólico e diastólico, com suas possíveis consequências em curto e longo prazo.

Os resultados são fornecidos por segmento, sendo que cada um é identificado com uma cor diferente, de acordo com o *software* (Figura 5.7). Os dados globais são obtidos a partir da média aritmética de cada região do ventrículo e, especificamente para a deformação, alguns programas computam o strain global considerando o VE como um único e grande segmento. Este dado não resulta da média aritmética dos valores regionais e sim da média dos speckles de todo o plano avaliado, sendo, portanto, calculado pelo próprio *software* (Figura 5.8).

Parâmetros de normalidade

A Tabela 5.4 mostra os valores normais para os parâmetros mensurados por meio do STE.

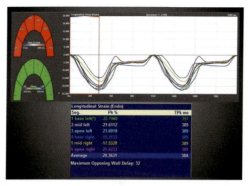

Figura 5.7 *Strain* longitudinal obtido a partir do plano apical de quatro câmaras. Cada cor das curvas de *strain* representa um determinado segmento ventricular, sendo que, neste caso, o *strain* global foi calculado a partir da média – *average* – dos *speckles* de todos os segmentos (porção inferior).

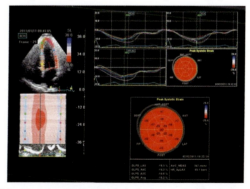

Figura 5.8 *Strain* longitudinal global obtido a partir dos planos apicais e calculado considerando o ventrículo esquerdo como um único e grande segmento. GLPS: *strain* de pico sistólico; LAX: corte apical longitudinal; A4C: plano apical de quatro câmaras; A2C: plano apical de duas câmaras; Avg: média obtida a partir dos três planos apicais; AVC: fechamento da valva aórtica; HR: frequência cardíaca.

Tabela 5.4 Valores de normalidade para os parâmetros de mecânica cardíaca de acordo com a literatura

Parâmetro	Valores de normalidade
Rotação basal (°)	-5,8 + 2,0
Rotação apical (°)	11,7 ± 3,5
Twist (°)	17,4 ± 3,7
Torção (°/cm)	< 31 anos: 2,7 ± 0,6 31-40 anos: 3,0 ± 0,9 41-50 anos: 3,1 ± 0,5 51-60 anos: 3,2 ± 0,7 > 60 anos: 3,2 ± 0,4
Strain longitudinal	-20,0 ± 2,0
Strain rate longitudinal	-1,3 ± 0,2
Strain circunferencial	-22,1 ± 3,4
Strain rate circunferencial	-1,7 ± 0,2
Strain radial	59,0 ± 14,0
Strain rate radial	2,6 ± 0,6

6
Avaliação hemodinâmica

Um dos objetivos principais da ecocardiografia tem sido o de oferecer informações hemodinâmicas. Vários parâmetros hemodinâmicos já podem ser avaliados pelo modo M, como demonstrado nas Figuras 6.1 a 6.6.

Quantificação do fluxo sanguíneo

Débito cardíaco

O fluxo sanguíneo, através de um orifício fixo, é igual ao produto da área da secção transversa (AST) pela integral velocidade-tempo (VTI) do fluxo que passa por esse orifício (Figura 6.7).

A área da VSVE deve ser obtida pela média de três medidas.

$$AST = (D/2)^2 \times \pi$$

$$AST = (D)^2 \times \frac{3,14}{4}$$

Então:

$$AST = (D)^2 \times 0,785$$

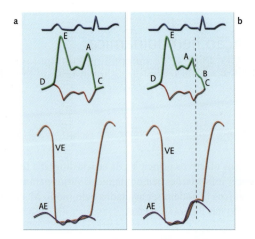

Figura 6.1 Relações entre a pressão atrial esquerda e a movimentação da valva mitral. a: Movimentação de ambas as cúspides de forma normal. b: Presença do ponto B e a respectiva correspondência no aumento da pressão atrial esquerda.

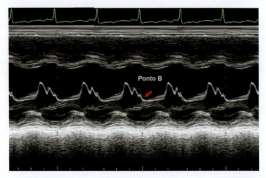

Figura 6.2 Ilustração do ponto B, indicativo do fluxo do átrio esquerdo para o ventrículo esquerdo após a contração atrial, ou seja, aumento da pressão atrial esquerda.

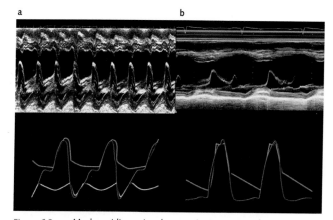

Figura 6.3 a: Modo unidimensional em paciente com insuficiência aórtica aguda, demonstrado pelo fechamento mesotelediastólico da valva mitral, indicativo de grave aumento nas pressões de enchimento em ventrículo esquerdo ainda não adaptado à sobrecarga volumétrica. Abaixo, curvas de pressão indicativas da pressão na aorta (verde), no átrio esquerdo (amarelo) e no ventrículo esquerdo (vermelho). Por conta do rápido aumento da pressão diastólica final, nota-se equalização e rápida superação da pressão diastólica final do VE com a pressão atrial esquerda na protomesodiástole, e consequente fechamento precoce desta valva. b: Diferentemente da insuficiência aórtica crônica, a dilatação do ventrículo esquerdo atenua os efeitos de pressão, a valva mitral abre durante toda a diástole, sofrendo somente vibrações diastólicas características do choque do fluxo diastólico vindo da raiz da aorta com a cúspide anterior da valva mitral.

Sabendo-se que a velocidade do fluxo varia durante o período de ejeção e interpondo-se cada velocidade com o tempo de duração do fluxo, obtém-se a velocidade e o gradiente médios. A VTI é a soma dos produtos das velocidades multiplicadas pelo comprimento de cada intervalo de tempo ((m/s) × s) = m. A medida é realizada traçando-se a linha mais cheia do espectro, que é dada em centímetros (Figuras 6.8a e 6.8b).

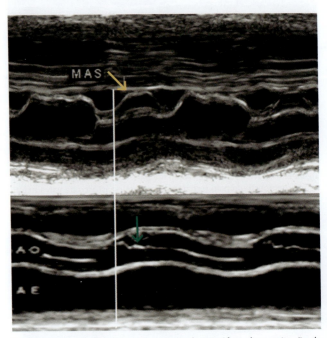

Figura 6.4 Paciente com cardiomiopatia hipertrófica, demonstração da obstrução dinâmica da via de saída do ventrículo esquerdo com movimento anterior sistólico da valva mitral (MAS), em imagem superior (seta amarela) e concomitante vibração e fechamento protomesossistólico da valva aórtica (imagem inferior, seta verde).

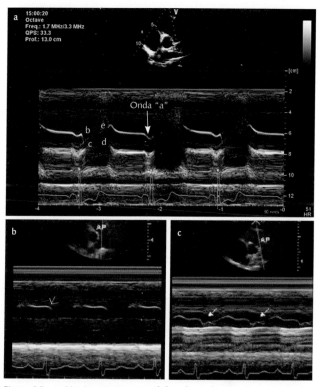

Figura 6.5 a: Movimentação normal da valva pulmonar. b e c: Pacientes com hipertensão pulmonar.

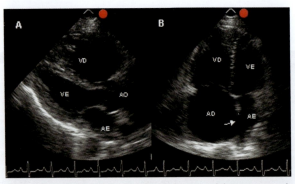

Figura 6.6 Exemplo ilustrativo da imagem bidimensional do coração em plano paraesternal longitudinal (A) e apical de quatro câmaras (B) de paciente com hipertensão pulmonar importante. Sinais qualitativos da elevação da pressão arterial pulmonar podem ser observados, como a dilatação significativa do átrio direito (AD) e ventrículo direito (VD). A cavidade do ventrículo esquerdo (VE) apresenta diminuição do seu tamanho pelo desvio do septo interventricular e nota-se abaulamento do septo interatrial para o átrio esquerdo (AE), indicando pressão atrial direita maior que a esquerda (seta). AO: aorta.

Obtidos os valores da VTI (cm) e da AST (cm²), é possível determinar o volume ejetado ou fluxo sistêmico (Qs) utilizando-se a fórmula:

$$\text{Volume ejetado (fluxo sistêmico): Qs = AST} \times \text{VTI}$$

A partir do resultado obtido, o débito cardíaco (DC) é calculado multiplicando-se o volume ejetado pela frequência cardíaca (FC) do paciente.

$$DC = \text{volume ejetado} \times FC$$

6 AVALIAÇÃO HEMODINÂMICA 91

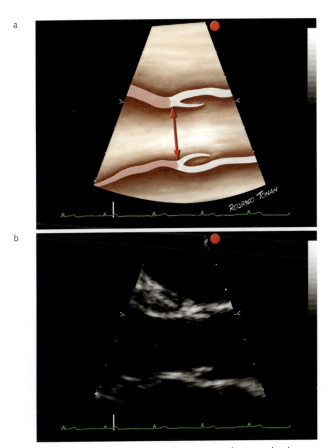

Figuras 6.7a e 6.7b Esquema e respectiva imagem do *zoom* do plano paraesternal longitudinal para medida do diâmetro (D) da via de saída do ventrículo esquerdo (a). Imagem ecocardiográfica (b).

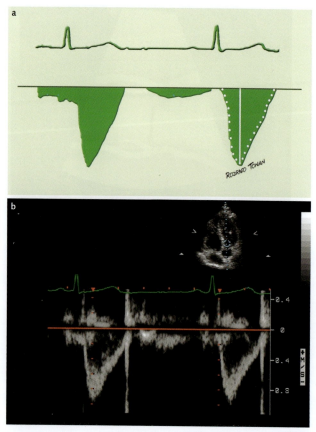

Figuras 6.8a e 6.8b Esquema da VTI do espectro Doppler do fluxo da via de saída do ventrículo esquerdo que é realizado tracejando-se a linha mais cheia do espectro, e é dado em centímetros (a). Doppler espectral correspondente (b).

O índice cardíaco é obtido a partir do débito cardíaco dividido pela superfície corpórea.

$$IC = \frac{\text{Débito cardíaco}}{\text{ASC}}$$

Índice de fluxo pulmonar-sistêmico

Utiliza-se a medida do anel valvar pulmonar para o cálculo da área da via de saída do ventrículo direito (VSVD) e o traçado Doppler pulsátil da VSVD para o cálculo do fluxo pulmonar. Para o cálculo do fluxo sistêmico, utiliza-se a medida da área de VSVE e VTI da VSVE.

Um hiperfluxo de grau importante é caracterizado como:

$$Qp/Qs \geq 2,0$$

Estimativa da pressão arterial pulmonar

Na ausência de estenose pulmonar ou na VSVD, a pressão sistólica do ventrículo direito é igual ao valor da pressão sistólica da artéria pulmonar (PSAP), que pode ser calculada pela fórmula:

$$PSAP = 4 \times V^2 + PAD$$

Em que: V = velocidade máxima do refluxo tricúspide; PAD = pressão de átrio direito. Valor normal abaixo de 30 mmHg.

Pode-se estimar a pressão média do átrio direito (PAD) pela avaliação do tamanho e da variação respiratória espontânea da veia cava inferior (VCI) no plano subcostal, na ausência de ventilação mecânica, de acordo com a Tabela 6.1 (Figura 6.10). Quando a pressão venosa central (PVC) estiver disponível, utilizar o valor da PVC (Tabela 6.1).

O plano subcostal é o mais adequado para avaliar a veia cava inferior (Figura 6.10). A medida do diâmetro deve ser feita ao final da expiração; proximal é junção das veias hepáticas a aproximadamente 2,0 cm da desembocadura no átrio direito.

Em pacientes com falha de coaptação da valva tricúspide, nos quais ventrículo e átrio direitos funcionam como câmara única, a PSAP só poderá ser calculada caso se conheça a real pressão atrial direita.

Nesses casos, deve-se descrever que não foi possível estimar a PSAP pela insuficiência tricúspide.

Na presença de insuficiência da valva pulmonar (IP), pode-se estimar as pressões diastólicas final e média da artéria pulmonar pelas fórmulas:

$$PDFAP\ (mmHg) = 4 \times (\text{vel. diastólica final IP})^2 + PAD$$

Em que: PDFAP = pressão diastólica final da artéria pulmonar; PAD = pressão estimada do átrio direito. Valor normal abaixo de 5 mmHg.

$$PMAP\ (mmHg) = 4 \times (\text{vel. máxima IP})^2$$

Sendo:
PMAP = pressão média da artéria pulmonar. Valor normal abaixo de 25 mmHg.

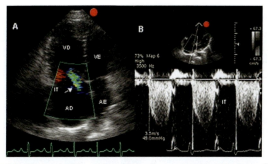

Figura 6.9 Plano apical de quatro câmaras demonstrando o jato de insuficiência tricúspide (IT) no átrio direito (seta). Para uma adequada estimativa da pressão sistólica de artéria pulmonar, a partir da velocidade máxima do jato de insuficiência tricúspide, é necessário o alinhamento entre o feixe do Doppler contínuo e o eixo do jato regurgitante. B. Curva espectral do Doppler contínuo demonstrando o fluxo de regurgitação tricúspide, com velocidade de pico aumentada (350 m.s^{-1}). A partir da equação modificada de Bernoulli (4 x velocidade de pico^2), a pressão sistólica em artéria pulmonar pode ser estimada como o valor de 49 mmHg somado ao valor da pressão média em átrio direito.

Tabela 6.1 Estimativa da pressão em átrio direito (PAD) pelo diâmetro e variação inspiratória do calibre da veia cava inferior (VCI)

Variável	Normal 0-5 (3) mmHg	Intermediário 5-10 (8) mmHg		Alta (15) mmHg
Diâmetro da VCI	≤ 2,1 cm	≤ 2,1 cm	> 2,1 cm	> 2,1 cm
Colapso com respiração	> 50%	< 50%	> 50%	< 50%
Índices secundários de pressão atrial direita elevada				Padrão restritivo E/E′ tricúspide > 6 Fluxo diastólico predominante em veias hepáticas (fração de enchimento sistólico < 55%)

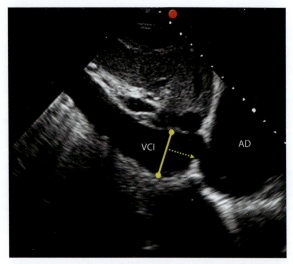

Figura 6.10 Plano subcostal demonstrando a veia cava inferior (VCI) e o átrio direito (AD). Observe que o diâmetro da VCI (linha sólida) é medido perpendicularmente ao eixo longo da VCI ao final da expiração, próximo à junção das veias hepáticas, a aproximadamente 2 cm da desembocadura no átrio direito (setas pontilhadas). Reproduzido com permissão de Rudski et al.

O padrão do fluxo sistólico pulmonar obtido pelo Doppler pulsátil na artéria pulmonar também tem sido utilizado para avaliação qualitativa e quantitativa da pressão arterial pulmonar (PAP), porém apresenta grandes limitações. Em indivíduos normais, a curva de fluxo sistólico pulmonar tem configuração simétrica, ou seja, o fluxo acelera e desacelera gradualmente com pico de velocidade máxima na mesossístole. Na presença de hipertensão pulmonar, o fluxo tem padrão assimétrico com as fases de aceleração e pico ocorrendo mais precocemente.

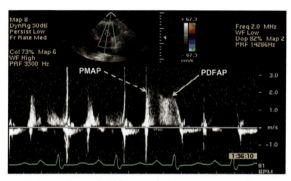

Figura 6.11 Estimativas das diferenças de pressão entre a artéria pulmonar e o ventrículo direito na diástole precoce (PMAP) e tardia (PDFAP).

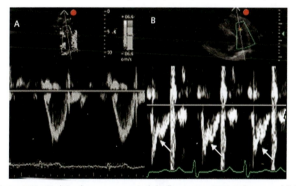

Figura 6.12 Padrão de curva espectral do fluxo em artéria pulmonar obtido pelo Doppler pulsado. Quando a pressão média em artéria pulmonar é normal (A) a curva de fluxo sistólico pulmonar tem configuração simétrica, sendo que o fluxo acelera e desacelera gradualmente, com pico de velocidade máxima na mesossístole. A elevação da pressão em artéria pulmonar resulta em uma curva espectral assimétrica, com diminuição do tempo de aceleração e velocidade de pico mais precoce (B). Pode-se observar o entalhe mesossistólico na curva espectral do fluxo pulmonar (setas), sinal específico de hipertensão pulmonar importante.

O valor do tempo de aceleração menor ou equivalente a 100 ms correlaciona-se com a presença de hipertensão pulmonar.

Derivadas de pressão-tempo do ventrículo esquerdo

A taxa de mudança no gradiente de pressão sistólica entre o ventrículo e o átrio esquerdos, com o passar do tempo, é determinada arbitrariamente pelo intervalo necessário para a velocidade do jato aumentar de 1 para 3 m/s (de 4 mmHg para 36 mmHg pela equação simplificada de Bernoulli) (Figura 6.13a). A dP/dT é um índice que

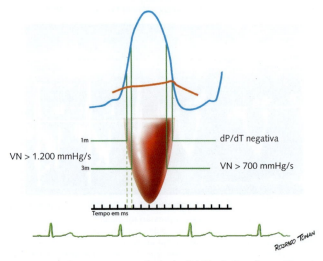

Figura 6.13a Esquema para o cálculo da dP/dT pelo Doppler contínuo da regurgitação mitral. A fase crescente do envelope da curva espectral mostra lenta elevação das velocidades no tempo medidas pela dP/dT. dP: variação de velocidade de 1 m a 3 m ou 32 mmHg.

avalia a fase isovolumétrica do ciclo cardíaco. A dP/dT negativa será aferida na porção sistólica ascendente do espectro Doppler e representa o tempo necessário para a velocidade diminuir de 3 para 1 m/s, com valores de normalidade acima de 700 mmHg/s (Figura 6.13b).

A medida da dP/dT positiva deve ser realizada da seguinte forma:

$$dP/dT = \frac{32 \text{ mmHg}}{\text{Intervalo(s)}}$$

Valores normais são considerados maiores que 1.200 mmHg/s. A dP/dT abaixo de 450 mmHg/s se correlaciona com pior prognóstico, e valores entre 850 e 1.200 mmHg/s com melhor prognóstico em pacientes com disfunção ventricular esquerda.

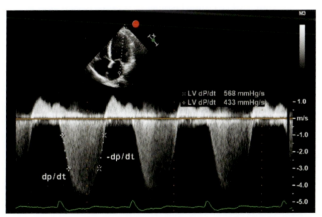

Figura 6.13b Doppler contínuo da regurgitação mitral. A fase crescente do envelope da curva espectral mostra lenta elevação das velocidades com dP/dT reduzida. A fase decrescente corresponde ao relaxamento ventricular e mostra dP/dT negativa também reduzida.

Derivadas de pressão-tempo do ventrículo direito

As derivadas de pressão-tempo (dP/dT positiva e dP/dT negativa) são índices de avaliação da função sistólica e diastólica do ventrículo direito, respectivamente. Avalia-se o intervalo de tempo necessário para a velocidade do jato aumentar de 1 para 2 m/s (de 4 para 16 mmHg pela equação simplificada de Bernoulli). A dP/dT negativa será aferida na porção sistólica ascendente do espectro Doppler e representa o tempo necessário para a velocidade diminuir de 2 para 1 m/s.

A medida da dP/dT positiva deve ser realizada da seguinte forma:

> Índice dP/dT (mmHg/s) = 12 mmHg/tempo (s)

Valores normais são considerados maiores do que 400 mmHg/s, quatro vezes menor que o dP/dT do ventrículo esquerdo. Em comparação com o jato da insuficiência mitral, o jato da insuficiência tricúspide apresenta um aumento da velocidade mais tardio e uma duração levemente superior, decorrente de maior duração do período ejetivo direito com respeito ao esquerdo.

Avaliação da volemia

A variação do diâmetro da veia cava com a respiração pode ser usada como guia para previsão de resposta da expansão volêmica em pacientes críticos sob ventilação mecânica utilizando-se o índice de distensibilidade da veia cava inferior (VCI) e a variação do VTI aórtico medido pelo ecocardiograma transtorácico; e o índice de colapsabilidade da veia cava superior

6 AVALIAÇÃO HEMODINÂMICA 101

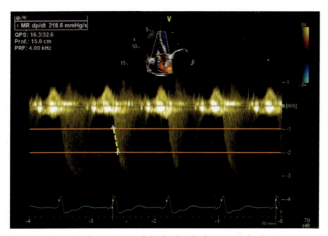

Figura 6.14 Método para a medida da dP/dT do ventrículo direito.

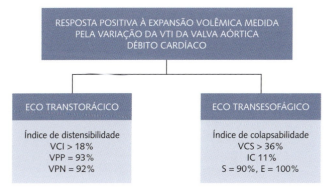

Algoritmo VTI = integral de tempo e velocidade; VCI = veia cava inferior; VPP = valor preditivo positivo; VPN = valor preditivo negativo; VCS = veia cava superior; IC = índice cardíaco; S = sensibilidade; E = especificidade.

(VCS) medido por meio do ecocardiograma transesofágico (Figuras 6.15 a 6.17).

Estes são calculados pela equação a seguir:

$$\text{Índice de colapsabilidade da VCS} = \frac{\text{diâmetro expiratório} - \text{diâmetro inspiratório}}{\text{diâmetro expiratório}} \text{ (VN > 36\%)}$$

$$\text{Índice de distensibilidade da VCI} = \frac{\text{diâmetro inspiratório} - \text{diâmetro expiratório}}{\text{diâmetro expiratório}} \text{ (VN > 18\%)}$$

6 AVALIAÇÃO HEMODINÂMICA 103

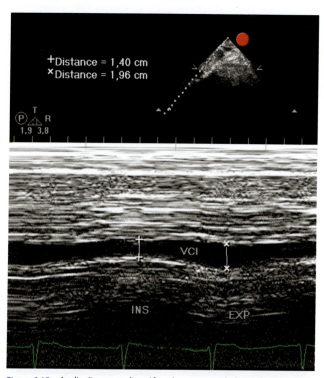

Figura 6.15 Avaliação ecocardiográfica da responsividade à infusão volêmica em paciente com choque séptico sob ventilação mecânica. Paciente apresentou variação do índice de distensibilidade da VCI maior do que 18% compatível com respondedor a volume. VCI: veia cava inferior; INS: inspiração; EXP: expiração. Avaliação pela ecocardiografia transtorácica. Diâmetro máximo da VCI: 1,96 cm; diâmetro mínimo da VCI: 1,40 cm.

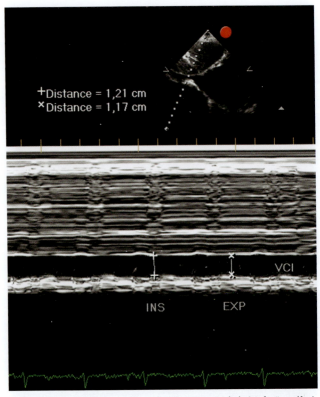

Figura 6.16 Avaliação ecocardiográfica da responsividade à infusão volêmica em paciente com choque séptico sob ventilação mecânica. Não apresentou variação do índice de distensibilidade. Avaliação pela ecocardiografia transtorácica. Diâmetro máximo da veia cava inferior (VCI): 1,21 cm; diâmetro mínimo da VCI: 1,17 cm. INS: inspiração; EXP: expiração.

6 AVALIAÇÃO HEMODINÂMICA 105

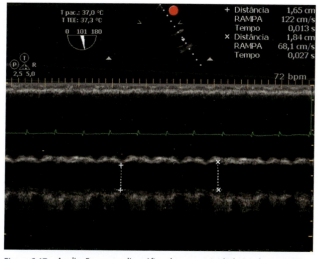

Figura 6.17 Avaliação ecocardiográfica da responsividade à infusão volêmica em paciente com choque séptico sob ventilação mecânica. Paciente não apresentou variação do índice de colapsabilidade. Diâmetro máximo da veia cava superior (VCS) = 1,8 cm; diâmetro mínimo da VCS: 1,6 cm. Avaliação pela ecocardiografia transesofágica.

7
Avaliação das valvopatias

De acordo com a *Nômina anatômica* de 1987 (Comissão de Nomenclatura da Sociedade Brasileira de Anatomia), recomenda-se utilizar o termo "valva" para o conjunto valvar (p. ex., valva aórtica, valva mitral). As valvas atrioventriculares possuem cúspides (p. ex., cúspide posterior da valva mitral), enquanto as valvas ventrículo-arteriais possuem válvulas (p. ex., válvula coronariana direita da valva aórtica). Assim, deve-se utilizar preferencialmente o termo "valva aórtica bivalvular" (e não "bicúspide"). O termo "folheto" deve ser reservado para a descrição das próteses valvares biológicas e elemento para prótese mecânica.

Insuficiência mitral

A insuficiência mitral (IM) é classificada como orgânica (primária) ou funcional (secundária). A primeira ocorre por causa da doença intrínseca do aparelho valvar e a funcional é causada por remodelamento regional ou global do ventrículo esquerdo, que impede a coaptação das cúspides, sem anormalidades estruturais da valva mitral propriamente dita.

A avaliação da gravidade da insuficiência também pode ser obtida pelo Doppler contínuo:

- Intensidade do sinal em relação ao fluxo anterógrado – um sinal fraco reflete insuficiência discreta; um sinal intermediário, insuficiência moderada e um sinal quase igual ao fluxo anterógrado, insuficiência importante.
- Velocidade do fluxo anterógrado, uma **onda E** ampla no fluxo de via de entrada do **VE ≥ 1,5 m/s** (Figura 7.1).

A *vena contracta* é a porção mais estreita do jato de regurgitação mitral distal ao orifício valvar anatômico. Sua análise pelo mapeamento de fluxo em cores demonstrou ter boa correlação com outros métodos quantitativos para a gravidade da insuficiência mitral. A medida dessa porção maior ou equivalente a 0,7 cm no plano paraesternal longitudinal (Figura 7.1) ou apical de quatro câmaras frequentemente está associada a grandes volumes regurgitantes.

Volume regurgitante e fração regurgitante

As medidas do volume regurgitante (VR) e da fração regurgitante (FR) têm sua importância na quantificação de lesões valvares e são calculadas, sabendo-se que o fluxo total anterógrado (Qa),

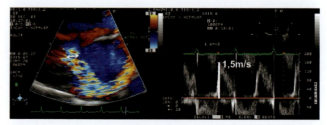

Figura 7.1 Representação da medida da *vena contracta* no plano paraesternal longitudinal e da velocidade do influxo mitral > 1,5 m/s (1,6 m/s).

através de uma valva regurgitante, corresponde ao fluxo sistêmico (Qs) somado ao fluxo regurgitante (Qr).

Assim, o VR em pacientes com insuficiência mitral pode ser calculado como a diferença entre o volume mitral e o volume aórtico (Figura 7.2) e é descrito em mL/batimento cardíaco.

O volume regurgitante pode ser calculado da seguinte forma, passo a passo:

Volume mitral = área do anel mitral × VTI mitral (calculados no anel mitral)

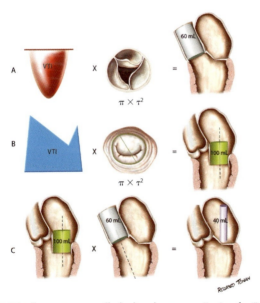

Figura 7.2 Esquema para o cálculo do volume regurgitante e fração regurgitante.

> Volume aórtico = área VSVE (paraesternal longitudinal) × VTI VSVE (apical)

$$VR = V\text{ mitral} - V\text{ aórtico}$$

Em que V = volume.

- A FR é calculada como a porcentagem do VR em relação ao fluxo anterógrado através da valva regurgitante e, portanto, pode ser calculada da seguinte maneira:

> Fração regurgitante = VR / orifício regurgitante valvar mitral × VTI mitral × 100

ou

$$FR = \frac{V\text{ mitral} - V\text{ aórtico} \times 100}{V\text{ mitral}}$$

Em que: VR = volume regurgitante; V mitral = VTI mitral × πr^2 anel mitral; V aórtico = VTI aórtico × πr^2 aórtico.

Cálculo de área do orifício regurgitante pelo PISA (*proximal isovelocity surface area*)

O PISA é um método para calcular a área do orifício regurgitante que se baseia no princípio da conservação do fluxo (lei de conservação de massa) em hemisférios de isovelocidade na direção do orifício regurgitante (Figuras 7.3a, b, c).

$$\text{AOR (cm}^2) = 2\varpi r^2 \times \text{velocidade de } \textit{aliasing} \text{ (cm/s)/velocidade de pico da IM pelo Doppler contínuo (cm/s)}$$

O VR também pode ser calculado por esse método, aplicando-se a fórmula:

$$\text{VR (mL)} = \text{AOR (cm}^2) \times \text{VTI da IM pelo Doppler contínuo (cm)}$$

A Tabela 7.1 demonstra os parâmetros utilizados para se avaliar a gravidade da regurgitação mitral.

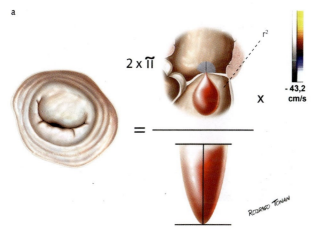

Figura 7.3a Representação esquemática da fórmula para calcular a área do orifício regurgitante.

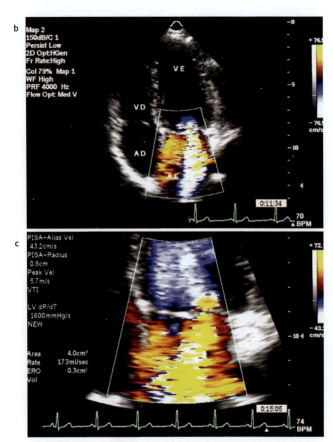

Figuras 7.3b e 7.3c Identificação do fluxo regurgitante na mesossístole e seu *zoom* para cálculo do raio da hemicúpula com a primeira mudança de isovelocidade. Baixar a linha de base do mapeamento de fluxo em cores para aproximadamente 40 cm/s. AD: átrio direito; AE: átrio esquerdo; VD: ventrículo direito; VE: ventrículo esquerdo.

Tabela 7.1 Classificação ecocardiográfica da insuficiência mitral

Grau IM	Área do jato/área AE	Vena contracta	VR	AOR	FR
Discreta	< 20%	< 3 mm	< 30 mL/bat	< 0,20 cm²	< 30%
Moderada	20-39%	3-6,9 mm	30-59 mL/bat	0,20-0,39 cm²	30-49%
Importante	≥ 40%	≥ 7 mm	≥ 60 mL/bat	≥ 0,40 cm²	≥ 50%

IM: insuficiência mitral; AE: átrio esquerdo; VR: volume regurgitante; AOR: área de orifício regurgitante, FR: fração regurgitante; mm: milímetro; mL/bat: mililitros por batimento; cm²: centímetro quadrado.

Vários parâmetros ecocardiográficos servem como preditores do sucesso ou da falência do reparo mitral. Na IM orgânica, os principais fatores relacionados ao insucesso do reparo são: presença de um grande jato regurgitante central; **dilatação importante do anel mitral maior do que 50 mm**; envolvimento de três ou mais *boceladuras*, especialmente se a cúspide anterior estiver envolvida; extensa calcificação valvar, perda de tecido valvar. A IM funcional está relacionada à distância entre o plano do anel e o ponto de coaptação das cúspides ser maior do que 1 cm e se a área do *tenting* (conformação côncava de coaptação das cúspides em relação ao anel) for maior do que **2,5 cm²** e se o **ângulo entre a cúspide posterior e o plano do anel mitral é maior do que 45 graus** e o diâmetro do anel mitral > 37 mm (Figura 7.4).

Estenose mitral

É uma doença que se caracteriza por estreitamento do orifício valvar, que em adultos normais pode variar de 4 a 6 cm². A estenose

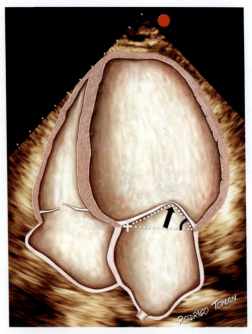

Figura 7.4 A figura de um plano apical de quatro câmaras demonstra um exemplo de como fazer a medida da altura da coaptação (seta preta) e a estimativa do ângulo entre a cúspide posterior e o anel mitral (arco preto). Também demonstra como mensurar a área do *tenting* (pontilhado).

mitral pode ser causada por febre reumática, calcificação do anel mitral, lúpus eritematoso, doença carcinoide ou pode ser de origem congênita.

A avaliação ecocardiográfica deve incluir anatomia, mobilidade e grau de calcificação da valva; gradiente de pressão transmitral médio, área da valva mitral, pressão em artéria pulmonar, insuficiência mitral coexistente e função sistólica do ventrículo direito.

Os critérios ecocardiográficos de Wilkins devem ser classificados de acordo com a Tabela 7.2 e a Figura 7.7. O escore total pode variar de 4 a 16. Pacientes com **escore ecocardiográfico maior do que 8 têm pouca probabilidade de resultados favoráveis** quando tratados pela valvotomia por cateter-balão.

Tabela 7.2 Escore ecocardiográfico de acordo com Wilkins

Escore	Mobilidade	Espessamento das cúspides	Espessamento subvalvar	Calcificação
1	Alta mobilidade, restrição apenas das extremidades das cúspides	Espessura próxima do normal (4-5 mm)	Espessamento mínimo, apenas na porção abaixo das cúspides	Única área ecodensa brilhante
2	Porções basais e médias com mobilidade normal	Porção média normal, espessamento das extremidades (5-8 mm)	Espessamento estendendo-se até o terço proximal das cordas	Áreas brilhantes confinadas às extremidades das cúspides
3	Valva move-se para a frente na diástole, principalmente pela base	Espessamento de toda a cúspide (5-8 mm)	Espessamento estendendo-se até o terço distal das cordas	Brilho se estendendo até a porção média das cúspides
4	Mínimo ou nenhum movimento das cúspides na diástole	Espessamento importante de toda a cúspide (> 8 mm)	Espessamento importante e encurtamento de todas as estruturas subvalvares	Brilho intenso na maior parte do tecido valvar

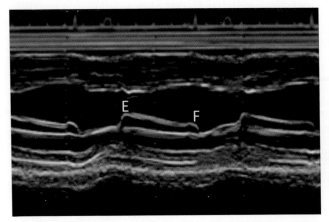

Figura 7.5 Retificação da rampa E–F pela ecocardiografia modo unidimensional.

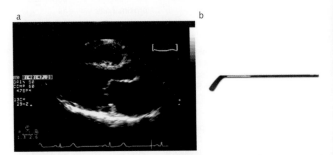

Figura 7.6 Janela paraesternal eixo longo ilustrando a cúspide anterior mitral (a) em aspecto de bastão de hóquei (b).

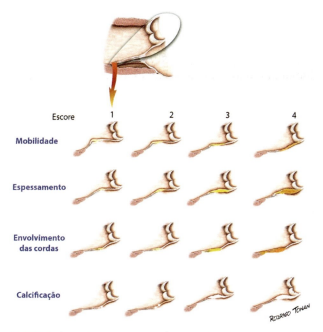

Figura 7.7 Os quatro componentes do escore de Wilkins incluem: mobilidade, espessamento, envolvimento do aparelho subvalvar, calcificação (quantidade de "pontos brilhantes").

A área valvar mitral deve ser aferida preferencialmente pela planimetria da circunferência interna da valva no plano paraesternal transversal, no ponto de abertura máxima das cúspides, durante a diástole média.

A medida de separação das cúspides da valva mitral, medindo a distância entre as extremidades das cúspides nas janelas paraesternal eixo longo e quatro câmaras, foi apresentada como uma medida confiável de gravidade da estenose mitral e como um substituto para a área da valva mitral. Um valor < 0,8 cm tem uma excelente especificidade e valor preditivo positivo para estenose mitral grave (98 e 96%, respectivamente). No entanto, a separação de 1,2 cm ou mais fornece uma boa especificidade e valores preditivos positivos para estenose moderada ou discreta.

Uma alternativa para a medida da área valvar é a avaliação hemodinâmica pelo Doppler contínuo, que quantifica a estenose por métodos como tempo de meia pressão, equação de continuidade e PISA.

Pressure half time (PHT) ou tempo de meia-pressão

É o tempo que o gradiente de pressão leva para cair à metade de seu valor inicial (Figuras 7.10a, b).

O PHT

A velocidade que corresponde a uma pressão equivalente a 50% do gradiente instantâneo não é a metade da velocidade máxima do fluxo transmitral.

$$\text{Velocidade PHT} = 0{,}71 \times \text{Velocidade máxima}$$

$$\text{Velocidade PHT} = \text{velocidade máxima}/1{,}4$$

A área valvar mitral também pode ser calculada pelas fórmulas simplificadas a seguir:

$$\text{Área valvar mitral} = \frac{220}{\text{PHT}}$$

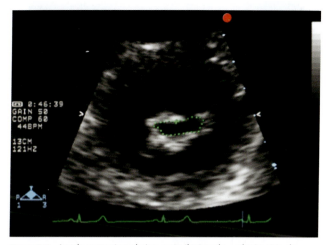

Figura 7.8 Janela paraesternal eixo curto ilustrando a planimetria de uma valva estenótica com área de 0,73 cm².

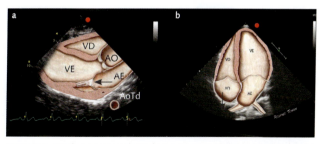

Figura 7.9 Janela paraesternal eixo longo (a) e apical de quatro câmaras (b) ilustrando a medida da distância entre as cúspides (seta). AD: átrio direito; AE: átrio esquerdo; VD: ventrículo direito; VE: ventrículo esquerdo; AoTd: aorta torácica descendente.

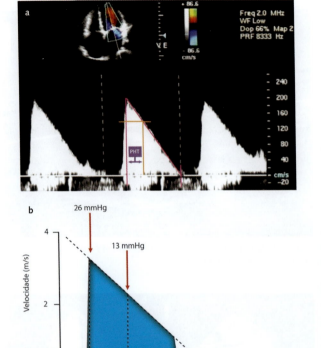

Figuras 7.10a e 7.10b Estimativa da área valvar mitral pelo método do tempo de meia-pressão (PHT). (a) O cursor inicial é colocado no pico da onda E e deve ser ajustado rente à rampa descendente da onda E. A "metade" da pressão inicial é identificada automaticamente. (b) Figura explicativa do racional da medida.

> Área valvar mitral = 759/DT

Em que: DT = tempo de desaceleração da onda E mitral.

Cálculo da área valvar mitral pela equação de continuidade

Baseia-se no princípio de conservação da massa, ou seja, o fluxo que passa pela valva mitral deve ser igual ao da valva aórtica, desde que não haja insuficiência aórtica significativa. Na presença de insuficiência aórtica significativa, pode-se utilizar a valva pulmonar.

- Utilizar a fórmula a seguir:

$$\text{Área valvar mitral (cm}^2) = \frac{\text{AST VSVE (cm}^2) \times \text{VTI VSVE (cm)}}{\text{VTI mitral (cm)}}$$

Gradiente diastólico AE-VE

A classificação ecocardiográfica da gravidade da estenose mitral segue na Tabela 7.3 a seguir.

Tabela 7.3 Classificação da gravidade da estenose mitral

Estenose valvar mitral	Área valvar	Gradiente diastólico médio*	Pressão sistólica em artéria pulmonar*
Discreta	1,6-2,5 cm²	< 5 mmHg	≤ 30 mmHg
Moderadamente importante	1,1-1,5 cm²	5 a 9 mmHg	30 a 49 mmHg
Importante/grave	< 1,0 cm²	≥ 10 mmHg	≥ 50 mmHg

*Não usar esta medida isoladamente, somente se for concordante com a área valvar.

Insuficiência aórtica

A insuficiência aórtica pode ser consequência de anormalidades na raiz aórtica (funcionais), anormalidades nas próprias válvulas (orgânicas) ou uma combinação de ambas. A maioria destas anormalidades produz insuficiência crônica com instalação lenta, dilatação ventricular esquerda insidiosa, compensatória ao excesso de volume diastólico final, sem afetar a função sistólica, que só acorrerá posteriormente com uma fase prolongada assintomática.

Utiliza-se o conceito do tempo necessário para se atingir a metade do gradiente de pressão entre a aorta e o ventrículo esquerdo (tempo de meia pressão ou *pressure half time* – PHT). Valores abaixo de 200 ms identificam insuficiência valvar de grau importante. O tempo de meia pressão tende a diminuir em situações de insuficiência valvar de maior magnitude, assim como a angulação da rampa de desaceleração do gradiente de pressão entre a aorta e o ventrículo esquerdo (Figura 7.13). Velocidade de desaceleração maior do que 4 m/s^2 indica insuficiência valvar de grau importante.

Na insuficiência aórtica aguda (IAA) (Figura 7.14), o relaxamento ventricular é distinto dos casos de insuficiência aórtica crônica (Figura 7.15) e tais valores não refletem a gravidade da regurgitação, assim como nos casos com isquemia miocárdica associada, outras lesões valvares ou anormalidades congênitas (p. ex., persistência do canal arterial). Na IAA, o aumento da pressão diastólica final é maior à pressão atrial esquerda durante a contração do átrio, gerando o fechamento precoce da valva mitral (Figura 7.14).

Quando a insuficiência é moderada ou importante, o **fluxo reverso** ocupa toda a diástole. Considera-se importante quando, ao tracejar todo o refluxo, a **VTI for maior ou igual a 13 cm ou a velocidade diastólica final desse refluxo medir mais de 20 cm/s.**

7 AVALIAÇÃO DAS VALVOPATIAS 123

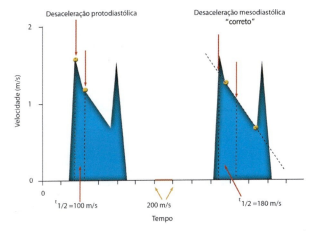

Figura 7.11 Determinação de PHT com onda E bimodal e com rampa de desaceleração não linear. A rampa não deve ser medida na parte inicial (reproduzida e adaptada de Gonzalez et al.).

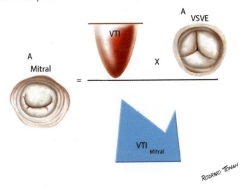

Figura 7.12 Esquema do cálculo da área valvar mitral pela equação de continuidade. VSVE: via de saída do ventrículo esquerdo; VTI: integral velocidade-tempo.

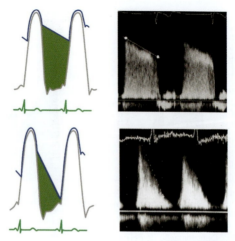

Figura 7.13 Cálculo do tempo de meia-pressão (PHT) pelo Doppler contínuo. Quanto mais inclinada a curva de insuficiência aórtica, ou seja, menor o PHT, maior a gravidade da insuficiência.

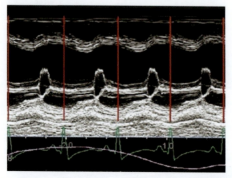

Figura 7.14 Modo unidimensional representativo de um paciente com insuficiência aórtica aguda. Nota-se o fechamento mesodiastólico da valva mitral e o ventrículo esquerdo hiperdinâmico.

7 AVALIAÇÃO DAS VALVOPATIAS 125

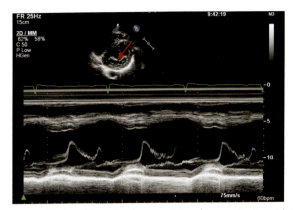

Figura 7.15 Modo unidimensional representativo de um paciente com insuficiência aórtica crônica. Notam-se as finas vibrações diastólicas da valva mitral e abertura em "cúpula" da cúspide anterior (detalhe destacado pela seta).

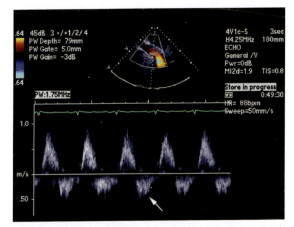

Figura 7.16 Fluxo reverso em aorta abdominal em paciente com insuficiência aórtica de grau importante.

O uso do mapeamento do fluxo em cores leva em consideração a extensão do jato regurgitante, a área do jato regurgitante, a proporção entre a largura do jato regurgitante e o diâmetro da VSVE (as medidas são obtidas 1 cm abaixo do plano valvar na janela paraesternal longitudinal) e a largura da *vena contracta* do fluxo regurgitante (Figura 7.17).

A estimativa da gravidade da insuficiência valvar aórtica pela aferição do volume regurgitante e da fração regurgitante é realizada pela medida da relação entre o fluxo sistólico através da valva aórtica, representando tanto o fluxo anterógrado quanto o fluxo regurgitante, e o fluxo diastólico medido na valva mitral ou o fluxo sistólico através da valva pulmonar, representando somente o fluxo anterógrado efetivo (Figura 7.18).

Outro método é o cálculo da área do orifício efetivo regurgitante, em que se considera o princípio da convergência de fluxos pelo método PISA (Tabela 7.4).

O PISA é um método para calcular a área do orifício regurgitante que se baseia no princípio da equação de continuidade. Pelo princípio da conservação do fluxo em hemisférios de isovelocidade, que se formam na direção do orifício regurgitante, determina-se a velocidade de *aliasing* e seu raio, obtendo-se, portanto, o fluxo proximal ao orifício regurgitante. Para isto, **desloca-se a rampa do limite de Nyquist do colorido para cima** no plano apical de cinco câmaras e **com valor de ± 40 cm/s**.

Estenose aórtica

No estudo ecocardiográfico sistemático do paciente com estenose, é necessário descrever no mínimo os possíveis mecanismos e etiologia (fusão comissural, fibrocalcificação degenerativa etc.), o tamanho das cavidades, a espessura miocárdica, o índice

7 AVALIAÇÃO DAS VALVOPATIAS   127

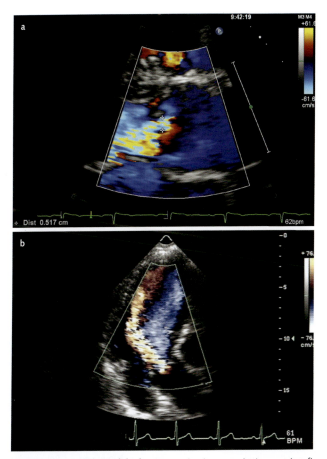

Figuras 7.17a e 7.17b Medida da *vena contracta* em pacientes com insuficiência aórtica crônica de grau moderado (5 mm) pelo plano paraesternal longitudinal e apical de três câmaras.

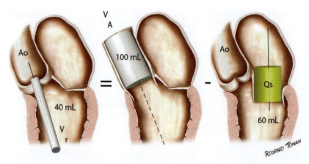

Figura 7.18 Medida do volume regurgitante e fração regurgitante pelo cálculo de volume pelo Doppler. Ao: aorta.

Tabela 7.4 Classificação da insuficiência valvar aórtica			
IAo	Discreta	Moderada	Importante
Tempo de meia-pressão	> 500 ms	200-499 ms	< 200 ms
Vena contracta	< 3 mm	3-5,9 mm	≥ 6 mm
Desaceleração da rampa de pressão VE-AO	< 2 m/s^2	2-4 m/s^2	> 4 m/s^2
Largura jato IAo/ VSVE	< 25%	25-64%	≥ 65%
FR	< 30%	30-49%	≥ 50%
VR	< 30 mL/b	30-59 mL/b	≥ 60 mL/b
AOR	< 0,1 cm^2	0,1-0,29 cm^2	≥ 0,3 cm^2
Medida da velocidade diastólica final reversa Ao tor descendente	< 20 cm/s		≥ 20 cm/s
Fluxo reverso da aorta abdominal	Ausente	Ausente ou discreto	Presente

de massa ventricular esquerda e os gradientes transvalvares sistólicos máximos e médios.

O gradiente de pico de pressão pode ser calculado por meio da equação de Bernoulli simplificada demonstrada abaixo:

$$GP = 4 V^2$$

Em que GP = gradiente de pico; V = velocidade.

O diâmetro da VSVE é usado para calcular a área da secção transversa circular (AST VSVE), utilizando-se *zoom* do plano paraesternal longitudinal, na mesossístole de acordo com a fórmula:

$$AST\ VSVE = D^2 \times 0{,}785$$

Sendo:

- AST VSVE = πr^2
- AST VSVE = $\pi \times (D/2)^2$
- AST VSVE = $D^2 \times 0{,}785$

$$\text{Área valvar aórtica} = \frac{AST\ VSVE\ (cm^2) \times VTI\ VSVE\ (cm)}{VTI\ Ao\ (cm)}$$

A avaliação da gravidade da estenose aórtica pode também ser efetuada com o auxílio da relação entre V1/V2, em que V1 é a velocidade máxima ou VTI do fluxo sistólico em VSVE e V2 é a velocidade ou VTI através da valva aórtica. Portanto, esse método considera estritamente as implicações fluxométricas na avaliação da gravidade da estenose (Tabela 7.5).

Tabela 7.5 Classificação da estenose valvar aórtica

EAo	Área valvar (cm²)	Área valvar (cm²/m²)	Gradiente sistólico médio (mmHg)	Velocidade de pico (m/s)	Relação V1/V2
Discreta	> 1,5	> 0,85	≤ 20 (< 30*)	2,6-2,9	≥ 0,50
Moderada	1,0-1,5	0,6-0,85	20-40** (30-50*)	3,0- 4,0	0,26-0,49
Importante	< 1,0	< 0,6	≥ 40** (> 50*)	> 4,0	≤ 0,25

*ESC Guidelines. **AHA/ACC Guidelines.

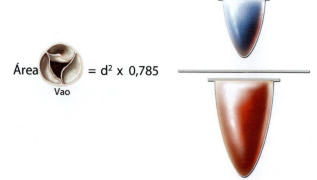

Área Vao = $d^2 \times 0{,}785$

Figura 7.19 Representação esquemática da fórmula para obtenção da área valvar aórtica pela equação de continuidade simplificada. Área Vao: área da valva aórtica; d: diâmetro da via de saída do ventrículo esquerdo (VSVE).

Estenose aórtica com baixo fluxo e função ventricular preservada

A impedância válvulo-arterial > 5,5 mmHg mL^{-1} m^{-2} (HR, 2,6; 95% IC, 1,2 a 5,7) foi independentemente associada à mortalidade.

Portanto, em pacientes com sinais de estenose aórtica importante (AV < 1,0 cm^2), caracterizados por hipertrofia ventricular e redução significativa da mobilidade valvar e/ou calcificação e baixos gradientes, deve-se suspeitar da presença de estenose aórtica grave com baixo fluxo e baixo gradiente na presença de estenose aórtica grave.

$$Zva = PAS + GM / IVEj$$

Em que: Zva = impedância válvulo-arterial; PAS = pressão arterial sistólica no momento do estudo ecocardiográfico; GM = gradiente médio em mmHg através da válvula aórtica; e IVEj = índice de volume ejetado medido pela via de saída do ventrículo esquerdo em mL/m^2.

Estenose aórtica com baixo fluxo e função ventricular diminuída

A definição utilizada de estenose aórtica com baixo fluxo e baixo gradiente inclui as seguintes condições:

- **Área efetiva do orifício < 1,0 cm^2;**
- **LV fração de ejeção < 40%;**
- **Gradiente de pressão médio < 30-40 mmHg.**

A ecocardiografia sob estresse pela dobutamina fornece informações sobre as mudanças na velocidade, gradiente médio e área valvar à medida que aumenta a taxa de fluxo, e também fornece uma medida da resposta contrátil à dobutamina, pela alteração no volume ejetado ou fração de ejeção. Esses dados podem ser úteis para diferenciar duas situações clínicas:

- Estenose aórtica grave, causando disfunção sistólica do ventrículo esquerdo.
- Estenose aórtica moderada, com outra causa de disfunção ventricular esquerda (p. ex., infarto do miocárdio, ou uma cardiomiopatia primária).

O protocolo para a ecocardiografia de estresse com dobutamina para avaliação da gravidade na definição da causa da disfunção ventricular esquerda usa uma dose baixa a partir de **2,5 ou 5 μg/kg/min**, com um aumento incremental na perfusão a cada 5 minutos, a uma dose máxima de **10-20 μg/kg/min**. Existe o risco de arritmia, portanto, deve haver supervisão médica e doses elevadas de dobutamina devem ser evitadas. A infusão deve ser interrompida assim que um resultado positivo ou quando a frequência cardíaca começar a subir mais de **10-20 bpm** em relação ao início ou ser superior a **100 bpm**, com o pressuposto de que o efeito máximo foi inotrópico atingido.

Um aumento na área da válvula para uma válvula de área final > **1,0 cm^2** sugere que a estenose não é grave.

Estenose grave é sugerida pela velocidade de pico aórtico pelo Doppler contínuo > **4,0** ou um gradiente médio > **40 mmHg**, desde que a área da válvula **não exceda 1,0 cm^2**, em qualquer momento do exame.

A ausência de reserva contrátil (falha para aumentar a fração de ejeção ou volume ejetado > 20%) é um preditor de alta mortalidade cirúrgica e de pior prognóstico a longo prazo, apesar de a substituição da válvula poder melhorar a função do VE.

Estenose tricúspide

Caracteriza-se como estenose tricúspide grave quando o **PHT é de 190 ms (AV = 1 cm^2)**, além da integral da velocidade de tempo da via de entrada > 60 cm, área valvar pelo método da continuidade < 1 cm^2, devendo também ser considerado o aumento do átrio direito moderado a importante e a dilatação da veia cava inferior.

$$AVT = 190/PHT^{Tric}$$

Insuficiência tricúspide

A Tabela 7.6 demonstra os critérios mais comuns de quantificação da insuficiência tricúspide.

Tabela 7.6 Critérios para quantificação da insuficiência tricúspide

Parâmetro	Discreta	Moderada	Importante
Valva tricúspide	Comumente normal	Normal ou anormal	Anormal/rota/ falta de coaptação
Ventrículo direito/ átrio direito/VCI	Normal	Normal ou dilatado	Comumente dilatado
Largura da vena contracta	Não mensurável	< 0,7 cm	> 1,0 cm
Raio do PISA	< 0,5 cm	0,6 a 0,9 cm	> 0,9 cm
Densidade e contorno do jato ao DC	Suave e parabólico	Denso e de contorno variável	Denso, triangular e com pico precoce

(continua)

Tabela 7.6 Critérios para quantificação da insuficiência tricúspide *(continuação)*			
Parâmetro	Discreta	Moderada	Importante
Fluxo em veia hepática	Dominância sistólica anterógrada	Amputação sistólica	Reverso sistólico

DC: Doppler contínuo; PISA: *proximal isovelocity surface area*; VCI: veia cava inferior.

Insuficiência pulmonar

A Tabela 7.7 demonstra os critérios mais comuns de quantificação da insuficiência pulmonar.

Tabela 7.7 Critérios para quantificação da insuficiência pulmonar			
Parâmetro	Discreta	Moderada	Importante
Valva pulmonar	Comumente normal	Normal ou anormal	Anormal
Tamanho do ventrículo direito	Normal	Normal ou dilatado	Comumente dilatado
Largura do jato pelo MFC	Fino (< 10 mm de largura) com origem estreita	Intermediário	Origem ampla – pode ter curta duração
Densidade e contorno do jato ao DC	Suave com desaceleração lenta	Denso com desaceleração variável	Denso com desaceleração rápida
Fluxo em valva pulmonar comparado ao em valva aórtica	Pouco aumentado	Intermediário	Muito aumentado

DC: Doppler contínuo; MFC: mapeamento de fluxo em cores.

Estenose pulmonar

O fluxo que passa pela valva pulmonar é um fluxo laminar que alcança o pico na mesossístole. As velocidades de fluxo normal em adultos variam de 0,6 a 0,9 m/s e em crianças de 0,8 a 0,12 m/s.

Gradiente máximo inferior a 20 mmHg é considerado estenose pulmonar sem repercussão hemodinâmica; entre 20 e 36 mmHg, estenose de grau discreto; entre 36 e 64 mmHg, estenose de grau moderado e equivalente ou superior a 65 mmHg, estenose de grau importante.

Tabela 7.8 Classificação da estenose pulmonar

Parâmetro	Discreta	Moderada	Importante
Velocidade de pico (m/s)	< 3	3 a 4	> 4
Gradiente de pico (mmHg)	< 36	36 a 64	≥ 65

Avaliação das próteses valvares

Inúmeras são as próteses valvares disponíveis no mercado mundial, no entanto, apesar de sua multiplicidade, podem ser classificadas como:

Próteses biológicas

- Autoenxerto: valvas autólogas, em que é utilizada a valva pulmonar do próprio paciente. Exemplo: cirurgia de Ross.
- Valvas homólogas: utiliza-se o pericárdio do próprio paciente. As próteses são montadas durante a cirurgia.
- Homoenxerto: próteses de cadáver e próteses de dura-máter.

- Heteroenxerto: próteses porcinas e próteses de pericárdio bovino.
- Próteses percutâneas.

Próteses mecânicas

- Alto perfil: bola-gaiola (p. ex., prótese de Starr-Edwards).
- Baixo perfil: próteses de disco único ou disco duplo.

Avaliação passo a passo das próteses valvares

Próteses biológicas

Método bidimensional: identificar as hastes, o anel de inserção e a abertura, textura e mobilidade dos folhetos da prótese.

Próteses *stentless* são mais difíceis de identificar, por causa das cúspides mais finas, porém as velocidades são mais elevadas que em condições de saúde e há aumento da intensidade do sinal acústico da raiz da aorta.

O refluxo central e discreto em próteses biológicas não é considerado patológico e ocorre em até 46% nas próteses em posição aórtica e em até 26% em posição mitral.

Próteses mecânicas

Disco único

Modo bidimensional: identifica o elemento móvel único, que apresenta abertura excêntrica.

O estudo Doppler e o mapeamento de fluxo em cores mostram um padrão de fluxo que ocorre por dois orifícios assimétricos, com zona de estagnação do fluxo atrás do disco.

Duplo disco

Modo bidimensional: identifica os elementos móveis, constituídos por dois discos semicirculares.

No estudo Doppler e no mapeamento de fluxo em cores podem ser observados três orifícios de fluxo, com grande abertura.

O refluxo central e discreto em próteses mecânicas não é considerado patológico, podendo até contribuir com a diminuição da formação de trombos. É provocado pelo fluxo retrógrado, que ocorre no fechamento dos elementos móveis ou pela falta de coaptação completa, mesmo com elementos móveis fechados.

Observações importantes

Os métodos de PISA, PHT e equação da continuidade podem ser utilizados para o cálculo da área da prótese da mesma maneira que quando utilizados para valvas nativas.

Condições patológicas

A obstrução por estenoses, nas próteses biológicas, pode ocorrer por espessamento, fibrose, calcificação ou trombose; nas próteses mecânicas, por trombose, vegetação ou *pannus fibrosus*. Pela ecocardiografia bidimensional transtorácica, existem limitações na visualização e quantificação da restrição da excursão, sendo mais bem avaliada pelo estudo Doppler.

O estudo com Doppler pulsátil, contínuo e mapeamento de fluxo em cores, é o principal método para avaliar as regurgitações, utilizando os mesmos critérios para as valvas nativas, e são obtidos dados hemodinâmicos completos. As regurgitações paraprotéticas e transprotéticas nas próteses biológicas geralmente ocorrem por retração, calcificação, espessamento, perfuração, laceração ou ruptura; nas próteses mecânicas, por trombos, endocardite, *pannus* ou falha mecânica do elemento móvel. Deve-se diferenciar a regurgitação patológica da regurgitação fisiológica de uma prótese valvar, utilizando critérios como a morfologia e o movimento da prótese, a localização e a intensidade do jato regurgitante.

A endocardite pode ocorrer em todos os tipos de prótese, devendo ser pesquisadas vegetações, abscessos, fístulas e aneurismas. Anormalidades não infecciosas, como pseudoaneurismas, hematomas e fístulas, também podem ocorrer.

Limitações do exame ecocardiográfico

O contorno da velocidade através da prótese é um índice qualitativo valioso de função da prótese valvar que é usado em conjunto com outros índices quantitativos. Em uma prótese normal, mesmo durante o alto fluxo, há uma forma triangular da integral tempo velocidade (IVT), com rápido tempo de aceleração (TA). Já na presença de obstrução, o contorno fica arredondado com a velocidade de aceleração maior do que 100 ms. Esse índice é independente da angulação do Doppler com a direção do jato. Outros índices são o cálculo da área do orifício valvar pela equação da continuidade e o índice de velocidade Doppler (IVD) medida pela razão da velocidade de pico do Doppler pulsátil na via de saída do ventrículo esquerdo pela velocidade de pico através da valva ventriculoarterial (Figuras 7.20 e 7.21). Este é especialmente vantajoso na presença de próteses aórticas em razão da dificuldade em se determinar a correta área da via de saída do ventrículo esquerdo.

As Tabelas 7.9 a 7.12 demonstram os parâmetros de normalidade do estudo Doppler das próteses em posição aórtica e mitral.

7 AVALIAÇÃO DAS VALVOPATIAS 139

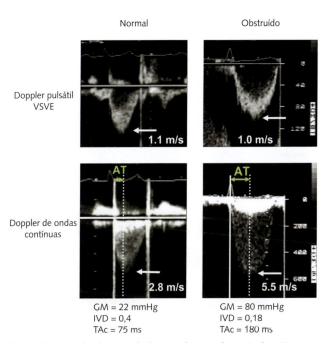

Figura 7.20 Doppler de uma válvula normal e com obstrução de prótese em posição aórtica. Com obstrução, a velocidade do jato é aumentada juntamente com as mudanças no contorno da velocidade do jato ao de uma curva parabólica. O tempo de ejeção, bem como o TAc, é aumentado. TAc (em milissegundos) é medido como o período entre o início da ejeção aórtica (linha sólida) para a velocidade máxima do jato (linha pontilhada). O gradiente médio (GM) é aumentado e o IVD é diminuído com a obstrução da prótese. VSVE: via de saída do ventrículo esquerdo. Reproduzido com permissão da American Society of Echocardiography.

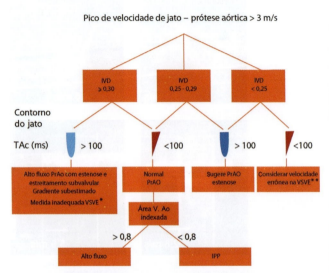

Figura 7.21 Algoritmo para a avaliação do pico de velocidade elevada do jato da prótese aórtica incorporando IVD, contorno do jato e TAc. *Amostra do PW Doppler muito próxima à válvula (particularmente quando a velocidade do jato pelo Doppler CW é de 4 m/s). **Amostra do PW Doppler longe demais (apical) da válvula (particularmente quando a velocidade do jato é 3-3,9 m/s). Fluoroscopia e ETE são úteis para uma avaliação mais aprofundada, principalmente em válvulas de duplo elemento. Reproduzida com permissão da American Society of Echocardiography.

Tabela 7.9 Parâmetros para avaliação de estenose de prótese em posição aórtica

Parâmetros para avaliação de estenose de prótese em posição aórtica	Normal	Estenose possível	Sugere estenose significativa
Velocidade pico (m/s)	< 3	3-4	> 4
Gradiente médio (mmHg)	< 20	20-35	> 35
Contorno do fluxo através da prótese aórtica	Triangular com pico precoce	Triangular a intermediário	Arredondado e com contorno simétrico

Tabela 7.10 Parâmetros para avaliação de insuficiência de prótese em posição aórtica

Parâmetros para avaliação de gravidade da insuficiência da prótese aórtica	Leve	Moderada	Grave
	Usualmente normal	Anormal	Anormal
Tamanho do VE	Normal	Normal ou levemente dilatado	Dilatado
Largura do jato quando for central em relação à via de saída do VE	≤ 25%	26-64%	≥ 65%
Densidade do jato regurgitante no contínuo	Incompleto ou fraco	Denso	Denso
Taxa de desaceleração do jato no contínuo (PHT, ms)	Lento (> 500)	Variável (200-500)	Muito inclinado (< 200)
Fluxo reverso na aorta descendente pelo pulsado	Ausente ou apenas discreto e breve	Intermediário	Proeminente Holodiastólico

Tabela 7.11 Parâmetros para avaliação de estenose de prótese em posição mitral

Função da prótese mitral	Normal	Possível estenose	Sugere estenose significativa
Velocidade de pico (m/s)*	< 1,9	1,9-2,5	≥ 2,5
Gradiente médio (mmHg)*	≤ 5	6-10	> 10
PHT	< 130	130-200	> 200

* Esses parâmetros também se alteram em casos de insuficiência.

Tabela 7.12 Parâmetros para avaliação de insuficiência de prótese em posição mitral

Parâmetros de insuficiência da prótese mitral	Leve	Moderada	Grave
Tamanho do VE	Normal	Normal ou dilatado	Usualmente dilatado
Aspecto dos folhetos	Usualmente normal	Anormal	Anormal
Área no Doppler colorido	Pequena, jato central usualmente < 4 cm² ou < 20% da área do AE	Variável	Jato central > 8 cm² ou > 40% da área do AE. Jato excêntrico ou com efeito Coanda
Aceleração pré-valvar. PISA (raio)	Nenhum ou mínimo	Intermediário	Grande

(continua)

Tabela 7.12 Parâmetros para avaliação de insuficiência de prótese em posição mitral *(continuação)*

Parâmetros de insuficiência da prótese mitral	Leve	Moderada	Grave
Densidade do jato no Doppler contínuo	Incompleto	Denso	Denso
Contorno do jato no Doppler contínuo	Parabólico	Usualmente parabólico	Pico precoce e triangular
Fluxo na veia pulmonar	S > D	S < D	Reversão sistólica
Vena contracta (cm)	< 0,3	0,3-0,59	≥ 0,6
Volume regurgitante (mL/batimento)	< 30	30-59	≥ 60
Fração regurgitante (%)	< 30	30-49	≥ 50
ORE (cm²)	< 0,2	0,2-0,49	≥ 0,5

Na prótese mitral, velocidades da onda **E > 1,9 m/s** são altamente sugestivas de regurgitação importante na presença de **PHT curto (< 130 ms)** e a **relação entre o VTI de prótese mitral e o VTI da VSVE > 2,2**. Nessas condições, quando o **PHT é > 130 ms, a possibilidade maior é de estenose** (Figura 7.22).

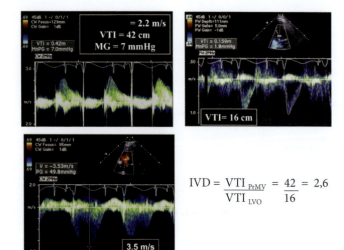

$$IVD = \frac{VTI_{PrMV}}{VTI_{LVO}} = \frac{42}{16} = 2{,}6$$

Figura 7.22 Pistas ao ecocardiograma transtorácico com Doppler ecocardiográfico sugestivas de regurgitação mitral significativa. Velocidade de início de pico, VTI do jato, e gradiente médio são mais altos que o normal. Na presença de função ventricular esquerda normal, o VTI no trato de saída do VE é diminuído com um aumento resultante no IVD. A velocidade do jato IT indica hipertensão pulmonar. Reproduzido com permissão da American Society of Echocardiography. IVD: índice de velocidade Doppler.

8
Avaliação da função diastólica

Fisiologia da diástole

A diástole pode ser dividida didaticamente em quatro fases: relaxamento isovolumétrico, fase de enchimento rápido, enchimento lento (diástase) e contração atrial. Os dois maiores determinantes do enchimento ventricular são o relaxamento ventricular e a complacência efetiva do VE.

Doppler ecocardiograma na análise da função diastólica

Essa análise é feita em um primeiro nível por meio da curva de fluxo mitral.

Para medida do fluxo transvalvar mitral, deve-se atentar para os três itens a seguir:

- Utilizar o Doppler pulsátil no plano apical de quatro câmaras.
- **O tamanho da amostra do volume deve estar entre 2 e 5 mm.**
- Posição: extremidade dos folhetos da valva mitral em diástole (Figura 8.1).

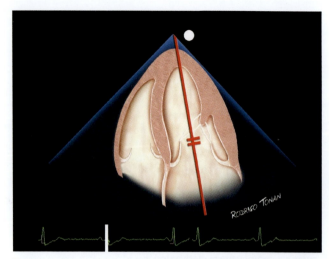

Figura 8.1 Demonstração do posicionamento correto da amostra no plano apical de quatro câmaras pelo ecocardiograma transtorácico.

Contudo, os parâmetros do Doppler podem se modificar dramaticamente por alterações na pré e pós-carga, da frequência cardíaca, da contratilidade e nas regurgitações valvares e com o uso de medicamentos. Portanto, esses parâmetros de enchimento nem sempre podem ser igualados diretamente à "disfunção diastólica", já que são dependentes de fatores extrínsecos ao ventrículo. Neste sentido, a medida da pressão arterial acrescenta importante informação sobre o estado da pós-carga e deve sempre ser mensurada e descrita no exame ecocardiográfico.

Como resultado, as alterações do enchimento do ventrículo esquerdo não podem ser usadas isoladamente e dissociadas da avaliação hemodinâmica a fim de se diagnosticar disfunção diastólica clinicamente relevante.

8 AVALIAÇÃO DA FUNÇÃO DIASTÓLICA   147

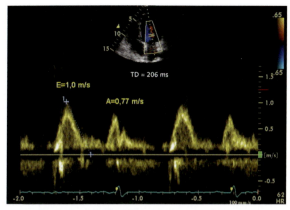

Figura 8.2 Doppler ecocardiograma de fluxo mitral normal, detectado na ponta das cúspides da valva mitral ao plano apical de quatro câmaras. E: onda E; A: onda A; TD: tempo de desaceleração.

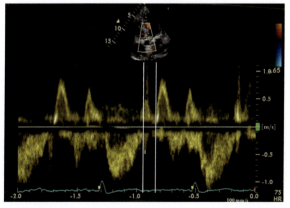

Figura 8.3 Medida do tempo de relaxamento isovolumétrico (TRIV), com o Doppler pulsátil pelo plano apical de "cinco câmaras". Tempo entre o fechamento aórtico e o início do fluxo mitral (fase de relaxamento isovolumétrico).

Manobra de Valsalva

Obtém-se o fluxo mitral em condições basais e medem-se as ondas E e A. Em seguida, o paciente é instruído para realizar uma expiração forçada com nariz e boca fechados. Pode ser necessário reposicionar a amostra de volume na ponta das cúspides da valva mitral, obtendo-se dessa forma as velocidades E e A máximas novamente.

A manobra é eficaz quando ocorre pelo menos 10% de queda nos valores das ondas E e A do fluxo mitral. Porém, o valor de queda de ambas as ondas deve ser semelhante e, em indivíduos normais, a relação E/A permanece > 0,8. Ao contrário, se esta relação cai em mais de 50% trata-se de padrão pseudonormal (disfunção diastólica grau II). Em pacientes cardiopatas, um decréscimo ≥ 50% na relação E/A caracteriza a positividade dessa manobra e é altamente específico para aumento da pressão de enchimento do VE (Figura 8.5).

Fluxo de veias pulmonares

Geralmente é obtido na veia pulmonar superior direita, com discreta angulação anterior no plano apical de quatro câmaras para se visualizar parte da valva aórtica ao exame transtorácico ou a veia pulmonar superior esquerda ao transesofágico. A amostra de volume deve ser localizada 1 a 2 cm dentro da veia pulmonar, usando-se o Doppler em cores com o limite de Nyquist regulado para baixas velocidades (< 40 cm/s), para obter melhor visualização do fluxo da veia pulmonar (Figuras 8.6A e 8.6B). Se o sinal for inadequado, deve-se aumentar a amostra de volume para 3-5 mm^3.

Assim, a seguir, estão as características dos quatro padrões de acordo com a Figura 8.7.

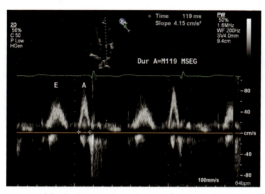

Figura 8.4 Medida da duração da onda A do fluxo mitral (A), realizada no nível do anel mitral ao corte apical de quatro câmaras.

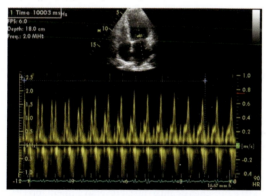

Figura 8.5 Influxo mitral durante a manobra de Valsalva padronizada para 10 segundos, mostrando a diminuição da relação E/A (de E/A = 1,2 para E/A = 0,26), com o esforço expiratório, o que é consistente com as pressões de enchimento do ventrículo esquerdo elevadas. **Uma variação de 50% seria suficiente para se classificar como positiva esta manobra**. Assim, se a relação E/A fosse de 1,2 e atingisse valores abaixo de E/A = 0,6 já seria o suficiente para se considerar esta manobra como positiva.

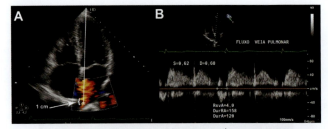

Figura 8.6 (A) Posicionamento da amostra no interior da veia pulmonar, 1 a 2 cm antes de sua desembocadura no átrio esquerdo. (B) Fluxo de veia pulmonar, demonstrando as ondas S, D e A e a medida da duração da onda A. Fluxo medido na veia pulmonar direita ao corte apical de quatro câmaras. S: componente sistólico; D: componente diastólico; RevA: fluxo do reverso atrial, que ocorre com a contração atrial; DurRA: duração do reverso atrial, que neste caso é superior à duração da onda A (120 ms). Trata-se de padrão de disfunção diastólica grau II, pois tanto a velocidade (40 cm/s) quanto a duração do reverso atrial são aumentadas.

- Velocidade de veia pulmonar normal: componente sistólico (PVs) maior que o componente diastólico (PVd) e presença de discreto fluxo atrial reverso normal (PVa) (Figura 8.7a).
- Velocidade de veia pulmonar com alteração de relaxamento: fluxo sistólico predominante e duração diminuída do fluxo atrial reverso (Figura 8.7b).
- Velocidade de veia pulmonar em padrão pseudonormal: componente sistólico (PVs) menor que o componente diastólico (PVd) e presença de fluxo atrial reverso aumentado (PVa) (Figura 8.7c).
- Restritivo reversível: predominância da onda diastólica com duração e velocidade aumentadas do fluxo atrial reverso e inversão do fluxo para predominância sistólica após manobra de Valsalva (Figura 8.7c).

- **Restritivo irreversível:** predominância da onda diastólica com duração e velocidade aumentadas do fluxo atrial reverso sem inversão do fluxo para predominância sistólica após manobra de Valsalva (Figura 8.7d).

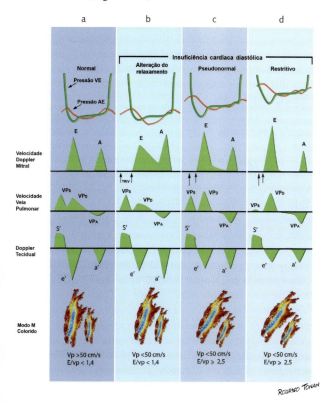

Figura 8.7 Resumo gráfico dos principais achados de ecocardiografia em condições normais e de disfunção diastólica.

A avaliação da duração relativa da onda A mitral e a duração do fluxo reverso atrial em veia pulmonar permitem estimar a pressão diastólica final em VE (Figuras 8.5 e 8.7). Normalmente, a duração da onda A mitral é maior que a do fluxo reverso em veia pulmonar. Um reverso atrial > 0,35 m/s é relativamente específico para uma pressão diastólica final de VE >15 mmHg. Com aumento da pressão diastólica final do VE, ocorre encurtamento da duração da onda A do influxo mitral. Quando a duração do reverso atrial for maior do que 20 ms da duração da onda A mitral, a especificidade para se detectar uma pressão diastólica final de VE > 12 mmHg será de 95%.

Doppler tecidual

O Doppler tecidual pode ser obtido na grande maioria dos pacientes por meio do uso do TDI-*tissue Doppler imaging* nos planos apicais que permitem obter as velocidades de deslocamento do anel mitral. Embora possa ser obtido também pelo TDI-*tissue Doppler imaging* em cores, os valores obtidos com esta técnica são mais baixos do que os valores obtidos com o Doppler pulsátil. Além disso, o TDI em cores não deve ser utilizado, pois os estudos de validação foram realizados com o Doppler tecidual pulsátil.

Para medida do Doppler tecidual, uma angulação máxima (< 20%) deve estar presente entre o cursor do Doppler e o plano de movimento cardíaco, pois toda técnica Doppler é ângulo-dependente. Deve-se usar uma velocidade de varredura entre 50 e 100 mm/s, o tamanho da amostra deve ficar entre 5 e 10 mm e posicionada exatamente no anel mitral (lateral ou septal) (Figura 8.8) e as medidas devem ser realizadas em três batimentos consecutivos ao final da expiração (Figura 8.9B). Semelhante a outros índices de função diastólica, e' diminui com a idade, enquanto a relação E/e' aumenta.

A divisão da onda E do fluxo mitral pela *e'* do Doppler tecidual (relação *E/e'*) diminui a influência das condições de pré e pós-carga sobre a onda E. A relação *E/e'* tem se mostrado extremamente útil na previsão das pressões de enchimento do VE (na relação *E/e'* < 8, normalmente *e'* é associada a pressões de enchimento normais e em ***E/e' ≥ 15 é associada a pressões de enchimento elevadas***). A relação *E/e'* é um dos parâmetros Doppler ecocardiográficos mais reprodutíveis para se estimar a pressão capilar pulmonar e, portanto, deve ser um parâmetro utilizado em todas as cardiopatias. Contudo, a relação *E/e'* não é um índice acurado de pressões de enchimento em indivíduos normais, pacientes com calcificação do anel mitral, doença valvar mitral e pericardite constritiva.

Índice TRIV/$T_{E-e'}$

Na presença de aumento da pressão atrial esquerda (disfunção diastólica de graus maiores que grau II), a onda E mitral ocorre precocemente em relação ao movimento protodiastólico da parede, caracterizado pela onda *e'*. Dessa forma, o intervalo de

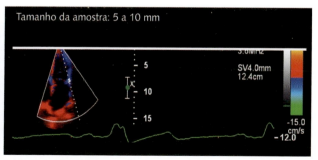

Figura 8.8 Análise da função diastólica – parâmetros de obtenção. Fonte: Nagueh et al., 2016.

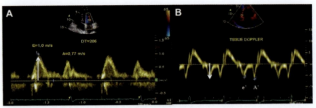

Relação E/e' = 100/6 = 16,6

Figura 8.9 Exemplo da medida da relação E/e'. Nota-se em A a medida da velocidade de pico da onda E e, em B, a velocidade de pico da onda e'. O cálculo da relação se faz pela razão E/e'.

tempo da onda Q do QRS ao eletrocardiograma à onda E do influxo mitral, menos o intervalo de tempo entre a onda Q do QRS ao eletrocardiograma e a onda *e'* do Doppler tecidual ($T_{E-e'}$) está prolongado (VN < 30 ms). Assim, esse índice se encontra reduzido em casos de aumento da pressão atrial esquerda. Ele é particularmente útil em situações nas quais a onda E tem limitações, como em pacientes com função sistólica normal, doença valvar mitral e quando a relação *E/e'* está entre 8 e 15. Quando o índice TRIV/$T_{E-e'}$ é < 2, a pressão de enchimento de VE e a pressão do átrio esquerdo estão elevadas.

Velocidade de propagação do fluxo ao modo unidimensional colorido

Pode-se adquirir o modo unidimensional (modo M) colorido facilmente: através da janela apical (4C ou 2C), deve-se alinhar o cursor do modo unidimensional pelo centro do AE, orifício mitral e ápice do VE, guiando-se pelo fluxo transmitral demonstrado pelo mapeamento de fluxo em cores. A velocidade de varredura deve estar entre **100 e 200 mm/s**, e a velocidade de *aliasing* entre 40 e 60 cm/s. Obtêm-se, dessa forma, duas ondas distintas: a primeira, que corresponde à onda E do Doppler pulsátil mitral, e a segunda, produzida pela contração atrial, onda A.

Considera-se **normal Vp > 50 cm/s**. Valores mais baixos têm se correlacionado com disfunção diastólica e com a progressão da idade em indivíduos sadios.

Outra aplicação útil é a relação E/Vp (onda E do influxo mitral dividida pela velocidade de propagação) que, quando > 1,5, indica elevação da pressão do átrio esquerdo (PAE) e, consequentemente, da pressão capilar pulmonar (PCP). Se **E/Vp > 2,5 indica PCP > 15 mmHg**. O uso dessas variáveis tem sido proposto para estimar a PAE, utilizando-se, entre outras, a seguinte equação.

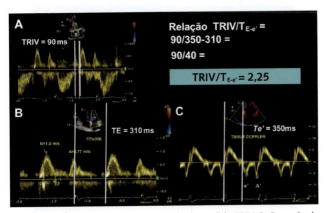

Figura 8.10 Índice TRIV/E-e'. A: Exemplo da medida TRIV. B: Exemplo da medida do TE. C: Exemplo da medida do Te'.

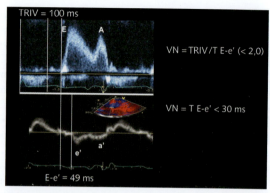

Figura 8.11 Avaliação da função diastólica – disfunção diastólica em estenose mitral. Índice TRIV/E-e'. A: Exemplo da medida TRIV. Fonte: Nagueh et al., 2016.

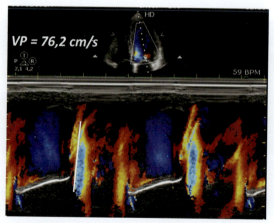

Figura 8.12 Medida da velocidade de propagação do fluxo no ventrículo esquerdo (VP).

$$PAE = 5{,}27\,(E/Vp) + 4{,}6\ mmHg$$

A Vp pode estar aumentada em pacientes com volume e FE de VE normais, apesar do relaxamento estar alterado. Assim, Vp é mais confiável como índice de relaxamento ventricular em pacientes com depressão da FE e dilatação do VE. Em outros pacientes é preferível se valer de outros índices.

Padrões de disfunção diastólica

O uso integrado dessas modalidades permite a definição de quatro graus de disfunção diastólica (Figuras 8.13 e 8.14), que são os seguintes em ordem crescente de gravidade: grau I de disfunção diastólica (relaxamento diastólico anormal), grau II (pseudonormal), grau III e IV (padrões restritivo reversível e irreversível com o tratamento otimizado, respectivamente). Esses padrões foram altamente preditores de mortalidade geral.

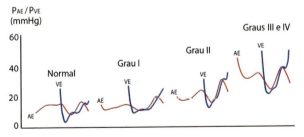

Figura 8.13 Relações entre a pressão atrial esquerda (PAE) e a pressão diastólica final do ventrículo esquerdo (PVE) em condições de normalidade (normal); disfunção diastólica grau I; disfunção diastólica grau II; disfunção diastólica graus III e IV, demonstrando o aumento da pressão atrial esquerda à medida que a disfunção diastólica progride.

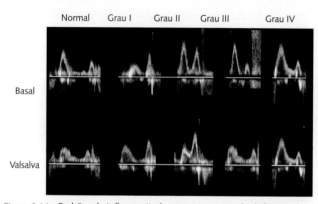

Figura 8.14 Padrões de influxo mitral nos quatro graus de disfunção diastólica. Grau I com redução da relação da onda E/A < 0,8 e aumento do tempo de desaceleração da onda E > 200 ms. Grau II com retorno ao normal da relação da onda E/A > 0,8 e redução do tempo de desaceleração da onda E > 160 e < 200 ms e redução da relação E/A após a manobra de Valsalva. Grau III com aumento expressivo da relação da onda E/A > 2,0 e redução do tempo de desaceleração da onda E < 160, com redução em mais de 50% na relação E/A. Grau IV com aumento expressivo da relação da onda E/A > 2,0 e redução do tempo de desaceleração da onda E < 160, em geral < 130 ms, já agora sem redução em mais de 50% na relação E/A.

Situações especiais

Quadro 8.1 Parâmetros para a avaliação da função diastólica – situações especiais

Doença	Valores de corte
Fibrilação atrial	Aceleração da onda E mitral (≥ 1.900 cm/s2)
	TRIV (≤ 65 ms)
	Tempo de desaceleração da velocidade diastólica no Doppler de veia pulmonar (≤ 220 ms)
	Relação E/Vp (≥ 1,4)
	Relação septal E/e' (≥ 11)
Taquicardia sinusal	Enchimento restritivo FEs < 50%
	E/e' média > 14
	TRIV ≤ 70 ms (específico – 79%)
	Batimento pós-extrassistólico
	Fração sistólica do fluxo VP ≤ 40% (específico – 88%)
Insuficiência mitral	Ar-A ≥ 30 ms
	E/e' média >14 em pacientes com FEVE reduzida
	TRIV < 60 ms (específico)
	IVRT/TE-e' < 5,6 (pacientes com FEVE nl)

Fonte: Nagueh et al., 2016.

Quadro 8.2 Avaliação da função diastólica em populações especiais	
Doença	Valores de corte
HAP não cardíaca	E/e' < 8 (normal)
	E/e' >13 quando etiologia cardíaca está presente
Cardiomiopatia hipertrófica	E/e' média > 14
	VAE > 34 mL/m^2
	Ar-A ≥ 30 ms
	Velocidade do jato de insuficiência tricuspídea > 2,8/s
Cardiomiopatia restritiva	DT < 140 ms
	E/e' média >14
	Mitral E/A > 2,5
	TRIV < 50 ms (específico)

Fonte: Nagueh et al., 2016.

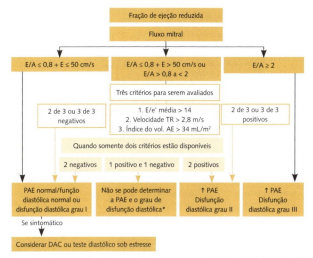

Figura 8.15 Estimativa das pressões na presença de fração de ejeção (FE) reduzida. A: onda A; AE: átrio esquerdo; DAC: doença arterial coronária; E: onda E; PAE: pressão do átrio esquerdo; TR: velocidade de pico tricuspídea.
*A PAE é indeterminada se somente 1 de 3 parâmetros estiverem disponíveis.
* Relação S/D da veia pulmonar < 1 indica elevação da PAE.

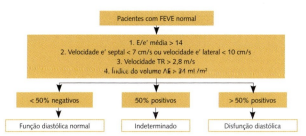

Figura 8.16 Estimativa das pressões de ventrículo esquerdo na presença de fração de ejeção normal. AE: átrio esquerdo; FEVE: fração de ejeção do ventrículo esquerdo; TR: velocidade de pico tricuspídea.

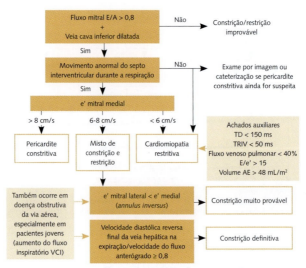

Figura 8.17 Algoritmo diferenciando pericardite constritiva de cardiomiopatia restritiva. A restrição está associada a elevada relação E/A, tempo de desaceleração curto (TD) e diminuição da velocidade anular mitral (< 6 cm/s). AE: átrio esquerdo; TRIV: tempo de relaxamento isovolumétrico. VCI: veia cava inferior. O número é baseado em dados de Welch TD, Ling LH, Espinosa RE, et al. Diagnóstico ecocardiográfico de pericardite constritiva: critérios da Clínica Mayo. Circ Cardiovasc Image. 2014;7:526-34.

9
Doenças do pericárdio

As duas camadas do pericárdio são separadas por um espaço que, normalmente, contém 15 a 35 mL de líquido seroso, o qual é localizado com mais frequência no sulco atrioventricular e interventricular.

Existem várias doenças que acometem o pericárdio, porém, serão abordadas as duas mais comuns na prática diária: tamponamento cardíaco e pericardite constritiva.

Tamponamento cardíaco

O tamponamento ocorre quando a pressão do pericárdio excede a pressão nas câmaras cardíacas, resultando no comprometimento do enchimento cardíaco.

As alterações recíprocas se devem ao fato de a pressão intratorácica aumentar na expiração (mesmo conteúdo para um continente menor) e diminuir na inspiração (continente maior) (Figura 9.1). Isso se reflete na maior facilidade de o sangue penetrar no tórax por conta da menor pressão durante a inspiração intratorácica e de o sangue entrar no átrio esquerdo durante a expiração, pelo efeito de ordenha nos vasos pulmonares (Figura 9.2).

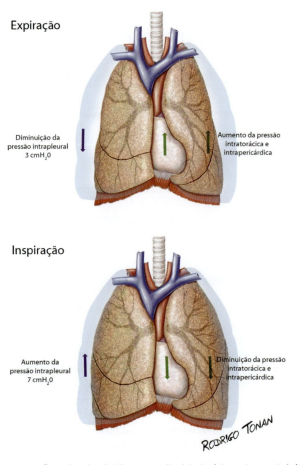

Figura 9.1 Durante a inspiração, as pressões intratorácicas e intrapericárdicas diminuem e o inverso ocorre na expiração.

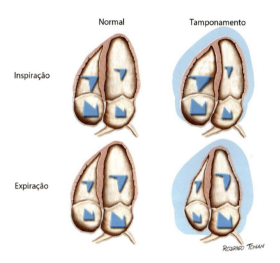

Figura 9.2 Esquema demonstrando os achados sobre as velocidades dos fluxos cardíacos de acordo com a fase do fluxo respiratório. Durante a inspiração, as pressões intratorácicas e intrapericárdicas diminuem, resultando em aumento do fluxo para o átrio e ventrículo direitos e em diminuição do fluxo das veias pulmonares para o átrio e ventrículo esquerdos. O inverso ocorre na expiração. Nota-se que em condições de normalidade as variações também ocorrem, porém com intensidade muito menor.

Sinais de tamponamento cardíaco

Colapso sistólico do átrio direito

É mais precoce que o colapso ventricular direito. Inversões acima de um terço da sístole têm uma sensibilidade de 94% e uma especificidade de 100% para o diagnóstico de tamponamento (Figura 9.3).

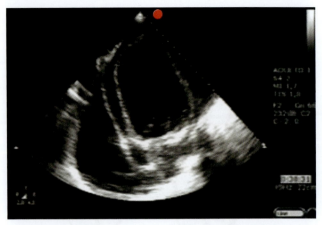

Figura 9.3 Colapso do átrio direito e ventrículo direito em paciente com choque cardiogênico.

Colapso diastólico do ventrículo direito

Esse padrão reverte-se durante a expiração. A presença de colapso diastólico do VD é de certa forma menos sensível (60 a 90%), porém mais específico (85 a 100%) do que o colapso sistólico breve do átrio direito no diagnóstico da fisiologia do tamponamento (Figura 9.6).

Alterações recíprocas nos volumes ventriculares

Esse padrão de movimento corresponde ao do achado do exame físico de pulso paradoxal (Figura 9.6).

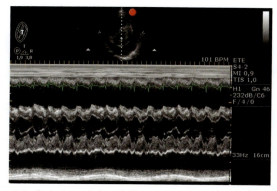

Figura 9.4 Paciente portadora de lúpus eritematoso sistêmico e síndrome antifosfolípide com hipertensão pulmonar. Apesar de o quadro clínico ser de choque circulatório por tamponamento cardíaco, não se observa colapso do ventrículo direito.

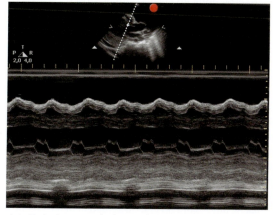

Figura 9.5 Paciente com amiloidose cardíaca, com importante infiltração em ambos os ventrículos. Nota-se colapso diastólico do ventrículo direito a despeito de significativa infiltração na parede do VD.

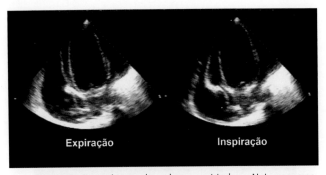

Figura 9.6 Variações recíprocas dos volumes ventriculares. Nota-se aumento do volume do ventrículo direito durante a inspiração e colapso completo durante a expiração. Átrio direito colapsado.

Variação respiratória no enchimento diastólico

Com a inspiração, a velocidade de enchimento diastólico inicial do VD aumenta, enquanto o enchimento diastólico do VE diminui (Figura 9.7).

A redução inspiratória maior que 25% na velocidade da onda E mitral ou um aumento inspiratório maior que 40% na velocidade da onda E tricúspide sugerem comprometimento hemodinâmico, e a redução da onda E mitral maior que 40% e o aumento da onda E tricúspide maior que 80% durante a inspiração sugerem comprometimento hemodinâmico importante, portanto tamponamento. A variação respiratória dos fluxos nas valvas tricúspide e pulmonar é mais acentuada do que a variação mitral e aórtica, mas ocorre progressiva deterioração de todo o fluxo intracardíaco com a piora do grau de tamponamento (Figura 9.8).

9 DOENÇAS DO PERICÁRDIO 169

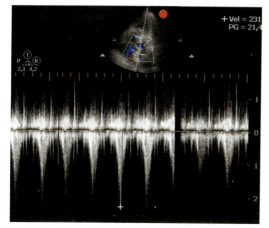

Figura 9.7 Variação respiratória em paciente com infarto agudo do miocárdio inferior e ruptura ventricular e tamponamento cardíaco.

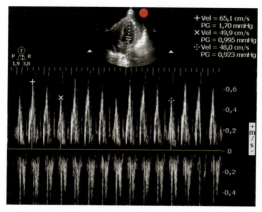

Figura 9.8 Variação respiratória exagerada do fluxo mitral evidenciando redução maior que 25% na velocidade da onda E.

Pletora da veia cava inferior

A pletora da veia cava inferior, ou uma veia dilatada com menos de 50% de redução inspiratória no diâmetro próximo à sua junção com o átrio direito é um indicador sensível (97%), embora inespecífico (40%), da fisiologia do tamponamento. Esse achado simples reflete a pressão elevada do átrio direito (Figura 9.9).

A alteração no padrão do fluxo venoso supra-hepático é um sinal altamente específico. Observa-se a prevalência do componente sistólico do fluxo, acentuada na inspiração, com redução ou até desaparecimento do componente diastólico na expiração acompanhada de onda "*a*" diastólica retrógrada em canhão durante a expiração (Figura 9.10).

Pericardite constritiva

Diagnóstico ecocardiográfico

Normalmente, a espessura da parede ventricular esquerda, as dimensões internas e a função sistólica estão normais no paciente com PC. Pode-se observar dilatação dos átrios em decorrência da elevação crônica da pressão atrial (Figura 9.11).

Pode-se encontrar um pericárdio espessado, maior que 2 mm, porém esse dado muitas vezes é difícil de ser detectado pela ecocardiografia transtorácica (Figura 9.12).

Pelo modo unidimensional encontra-se o rápido relaxamento da parede posterior durante a diástole precoce, seguida de cessação abrupta do movimento durante a diástole média e tardia. O septo ventricular apresenta entalhe diastólico inicial (*knock* protodiastólico, movimento posterior abrupto) que coincide com a fase de enchimento rápido correspondente ao fluxo diastólico que encontra a PD2 do VD elevada, deslocando o septo ventricular

9 DOENÇAS DO PERICÁRDIO 171

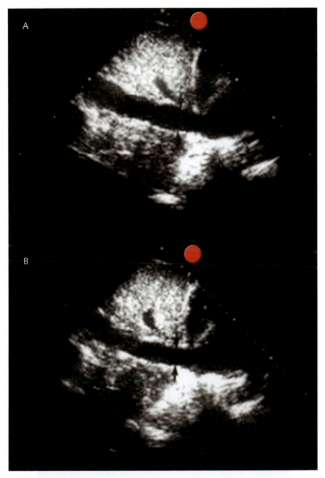

Figura 9.9 Pletora da veia cava inferior na (A) expiração e (B) inspiração.

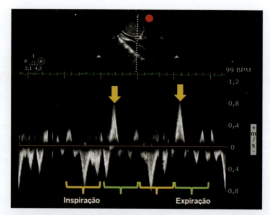

Figura 9.10 Observa-se a prevalência do componente sistólico do fluxo, acentuada na inspiração (chave amarela), com redução ou até desaparecimento de ambos os componentes, em especial o diastólico na expiração (chave verde), acompanhada de onda "*a*" diastólica retrógrada em canhão (seta amarela) durante a expiração.

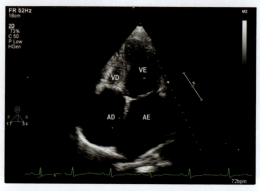

Figura 9.11 Aumento biatrial em paciente com pericardite constritiva.

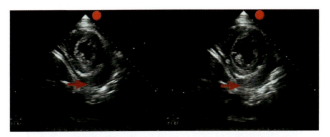

Figura 9.12 Imagem obtida na incidência paraesternal transversal em sístole e em diástole, demonstrando espessamento do pericárdio adjacente à parede livre do ventrículo esquerdo (seta).

para o lado esquerdo. Observa-se também um segundo movimento anterior abrupto (*knock* telediastólico), em seguida à contração atrial (Figura 9.13). Essa movimentação septal traduz a interdependência entre os ventrículos, achado fisiopatológico importante nessa doença. O enchimento ventricular ocorre alternativamente e essa alteração é exacerbada pela respiração, traduzindo a restrição pelo pericárdio enrijecido.

Outro sinal indireto de constrição é a dilatação e ausência de variação respiratória do diâmetro da veia cava inferior. Esse pode ser o achado inicial da constrição pericárdica (Figura 9.14).

Achados ao Doppler

O enchimento diastólico tanto de VE como de VD mostram uma velocidade *E* elevada devido ao rápido enchimento diastólico inicial. À medida que a pressão diastólica do VE aumenta, o enchimento para abruptamente, refletido em um tempo breve de desaceleração da curva de velocidade da onda *E*. Na sequência, há pouco enchimento ventricular na diástole final em decorrência da pressão diastólica de VE estar elevada em consequência do

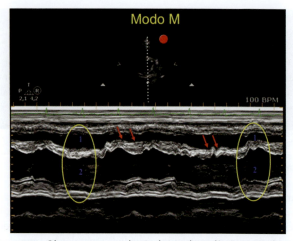

Figura 9.13 Observa-se a exacerbação da interdependência ventricular com alternância dos diâmetros ventriculares (1 e 2), primeiramente na inspiração e depois na expiração, e movimentação do septo de acordo com a respiração (setas).

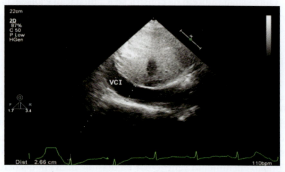

Figura 9.14 Dilatação e ausência de variação respiratória do diâmetro da veia cava inferior ao estudo bidimensional.

efeito constritivo do pericárdio. Os registros de Doppler do influxo ventricular mostram assim uma velocidade *A* muito pequena em seguida à contração atrial (Figura 9.15).

Observam-se ainda variações respiratórias recíprocas marcantes nas velocidades de influxo diastólico em VD e VE decorrentes dos diversos efeitos das alterações na pressão intrapleural no enchimento dos dois ventrículos (Figura 9.16). Em condições fisiológicas, com a inspiração, a pressão intrapleural torna-se mais negativa, resultando no aumento do enchimento diastólico e da velocidade de influxo do VD. Paralelamente, já do lado esquerdo, as velocidadess de enchimento do VE diminuem com a inspiração e aumentam com a expiração. Essas variações podem ser observadas em até 10% na variação das velocidades do lado esquerdo (Figura 9.16). Já quando maiores que 25%, um quadro de pericardite constrictiva ou derrame pericárdico com comprometimento hemodinâmico deve ser suspeitado. Ocorrem em indivíduos normais, sendo as alterações respiratórias mais marcantes (variação > 25%) com a pericardite constritiva (Figura 9.16).

O tempo de relaxamento isovolumétrico do VE – medido desde o fechamento da valva aórtica até o estalo de abertura mitral nos registros de Doppler – aumenta em média 20% com a inspiração em pacientes com pericardite constritiva.

Outros achados de constrição incluem velocidade maior que 8 cm/s da onda e', avaliada pelo Doppler tecidual ao nível do anel mitral septal, sempre maior que a e' do anel mitral lateral (*annulus inversus*) e a velocidade de propagação do fluxo de enchimento ventricular maior que 100 cm/s (Figuras 9.19a e 9.19b). Esses dois últimos achados são importantes no diagnóstico diferencial com as cardiomiopatias restritivas (Figuras 9.17 e 9.18).

Já a análise do fluxo em veia hepática ou supra-hepática pode revelar um aumento do fluxo sistólico anterógrado na inspiração.

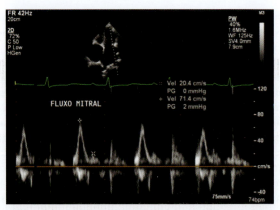

Figura 9.15 Doppler pulsátil do fluxo mitral compatível com padrão restritivo. Onda E >> A e tempo de desaceleração curto. Observa-se a variação respiratória das velocidades de onda E.

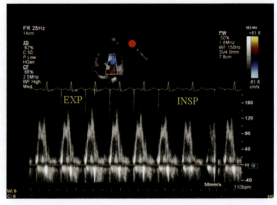

Figura 9.16 Doppler pulsátil do fluxo mitral mostrando variação respiratória normal do fluxo de enchimento ventricular em paciente com derrame pericárdico discreto e sem sinais de tamponamento cardíaco.

9 DOENÇAS DO PERICÁRDIO 177

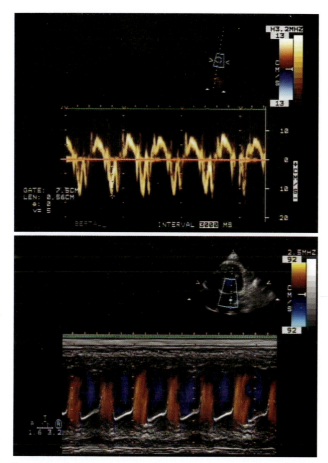

Figura 9.17 Paciente com pericardite constritiva apresentando velocidade da onda e´ do anel mitral septal de 13 cm/s. A velocidade de propagação do influxo mitral é de 110 cm/s.

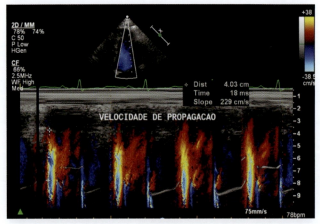

Figura 9.18 Paciente portador de pericardite constritiva. A velocidade de propagação é de 229 cm/s.

Também pode ser observado aumento do fluxo diastólico reverso expiratório (Figuras 9.20 e 9.21).

Deve ser salientado que todos esses achados de constrição podem estar mascarados se o paciente não estiver com a volemia adequada ou tiver hipertensão pulmonar.

Tanto a pericardite constritiva quanto as cardiomiopatias restritivas apresentam características clínicas e ecocardiográficas em comum, o que muitas vezes exige uma avaliação minuciosa para a distinção entre elas. A Tabela 9.1 e a Figura 9.23 demonstram um resumo dos parâmetros frequentemente utilizados para a diferenciação diagnóstica entre a pericardite constritiva e a cardiomiopatia restritiva.

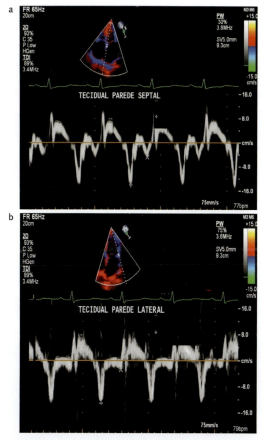

Figuras 9.19a e 9.19b Paciente portador de pericardite constritiva. A velocidade da onda e' septal é maior que a da e' da parede lateral, o contrário do que ocorre em um indivíduo normal.

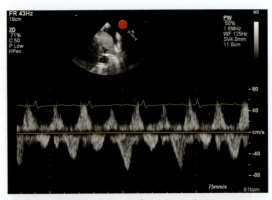

Figura 9.20 Traçado da pressão e do fluxo da veia hepática em um paciente com pericardite constritiva. Observam-se a onda *a* proeminente, o segmento diastólico discreto e a deflexão sistólica proeminente.

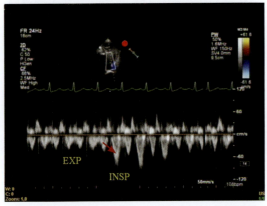

Figura 9.21 Doppler pulsátil em veia supra-hepática apresentando aumento do fluxo anterógrado com a inspiração. Nota-se a inversão do padrão normal com a onda diastólica maior que a sistólica (seta).

Tabela 9.1 Parâmetros frequentemente utilizados para a diferenciação diagnóstica entre a pericardite constritiva e a cardiomiopatia infiltrativa

	Pericardite constritiva	Cardiomiopatia restritiva
Tamanho atrial	Normal	Aumentado
Aspecto pericárdico	Espesso/brilhante	Normal
Movimentação septal	Anormal	Normal
E/A mitral	≥ 2,0	≥ 2,0
Tempo de desaceleração	≤ 160	≤ 160
E´ septal	Geralmente > 7 cm/s	Geralmente < 7 cm/s
E´ lateral	Menor que a E´ septal	Maior que a E´ septal
HAP	Rara	Frequente
Tamanho/função sistólica	Normal	Normal
Regurgitação mitral/tricúspide	Infrequente	Frequente RT > RM
TRIV	Varia com a respiração	Estável com a respiração
Variação respiratória da velocidade da onda E mitral	Exagerada ≥ 25%	Normal

HAP: hipertensão arterial pulmonar; TRIV: tempo de relaxamento isovolumétrico.

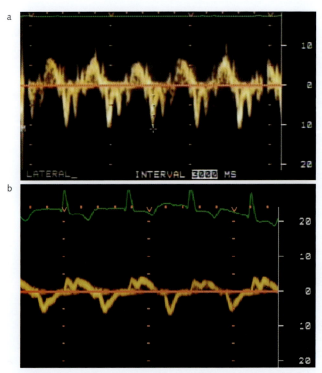

Figura 9.22 Comparação do Doppler tecidual do anel lateral de paciente com pericardite constritiva (a) e cardiomiopatia restritiva (amiloidose cardíaca primária) (b).

9 DOENÇAS DO PERICÁRDIO   183

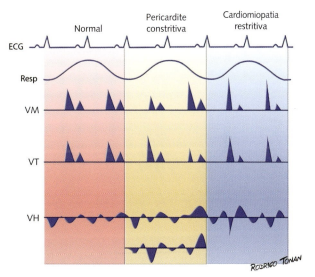

Figura 9.23 Diagrama demonstrando os padrões característicos na distinção entre pericardite constritiva e cardiomiopatia restritiva. Observam-se os padrões de influxo mitral (VM), de influxo tricúspide (VT) e de fluxo Doppler em veia hepática (VH). Acima, nota-se a monitorização eletrocardiográfica e respiratória.

10
Parâmetros de avaliação de sincronia cardíaca

Avaliação do sincronismo atrioventricular

Considera-se haver sincronia atrioventricular inadequada quando o tempo de pré-ejeção aórtico for maior que 140 ms, ou se o tempo de enchimento diastólico for menor que 40% do ciclo cardíaco, o que evidencia uma desproporção exacerbada entre a sístole e a diástole (Figuras 10.1 e 10.2).

Para a otimização do intervalo AV pelo ecocardiograma, são realizadas as seguintes medidas de Doppler convencional:

1. Medida do VTI aórtico;
2. Obtenção do fluxo transmitral, para medida do tempo de enchimento ventricular esquerdo e análise do padrão de fluxo diastólico mitral;
3. Observação da presença e do grau de regurgitação mitral.

Métodos para o ajuste do IAV

O ajuste do IAV tem como objetivo sincronizar o término da contração atrial com o início da sístole ventricular.

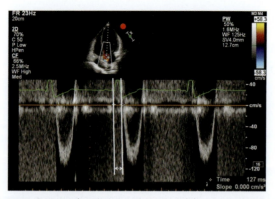

Figura 10.1 O tempo de pré-ejeção aórtica é medido entre o início da atividade elétrica, identificado como o início da onda Q ao ECG, até o início da atividade mecânica, dada pelo início da ejeção ventricular ao Doppler pulsátil.

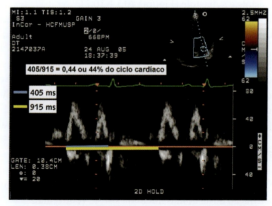

Figura 10.2 A relação do tempo diastólico com a duração total do ciclo cardíaco é exemplificada na figura. Tempo diastólico = 405 ms. Duração do ciclo cardíaco = 915 ms. Então, a diástole ocupa 44% do ciclo cardíaco.

Otimização do tempo de enchimento diastólico

Existem várias estratégias que podem ser utilizadas para a otimização do intervalo AV:

- Forma interativa ou empírica: utiliza-se um intervalo AV longo que é progressivamente diminuído para se conseguir o intervalo AV ideal. Após a monitorização do paciente com o eletrocardiograma, é realizado o ecocardiograma para obtenção dos parâmetros basais. Em seguida, o intervalo AV do marca-passo é programado em 200 ms (IAV longo) e são aferidos novamente os tempos de diástole, seu padrão e o VTI aórtico. Segue-se uma diminuição progressiva do intervalo AV de 20 ms por vez a cada 3 minutos, até um intervalo AV de 100 ms, com avaliação dos parâmetros ecocardiográficos a cada mudança. Nessa avaliação, observa-se o valor do intervalo AV que resulta no melhor padrão sistólico, pelo tempo de pré-ejeção aórtico menor que 140 ms e pela medida da maior VTI (Figura 10.1) e o melhor padrão diastólico, o qual deve ocupar pelo menos 40% do ciclo cardíaco e apresentar um padrão de disfunção diastólica grau I (Figuras 10.2 e 10.3).
- Fórmula de Ritter: alternativamente, a otimização do intervalo AV pode ser realizada pelo método de Ritter. Nesse caso, a partir de intervalos AV predeterminados, são obtidos valores ecocardiográficos (intervalo QA) que, ao serem inseridos numa fórmula padrão, determinam o intervalo AV ideal:

$$IAV_{ótimo} = IAV_{curto} + [(IAV_{longo} + QA_{longo}) - (IAV_{curto} + QA_{curto})]$$

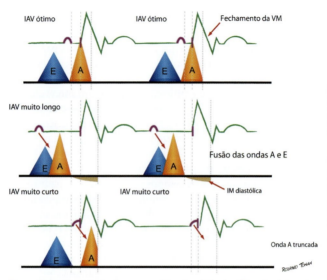

Figura 10.3 Representação esquemática do efeito de diferentes intervalos atrioventriculares (IAV) nos registros do Doppler pulsátil no nível da valva mitral. O IAV ótimo permite o fechamento da valva mitral por causa da contração ventricular esquerda, após o término da onda A. Quando o IAV é muito longo, a contração atrial ocorre precocemente, levando à contração atrial ineficaz, diminuindo o tempo de enchimento diastólico e gerando insuficiência mitral (IM) diastólica. Após a contração atrial, a valva mitral permanece aberta, pois a contração ventricular está atrasada e a pressão diastólica do VE excede a pressão de AE durante o relaxamento atrial. O IAV muito curto leva ao fechamento precoce da valva mitral antes do enchimento completo do VE.

- Obtenção do intervalo QA: no plano apical de quatro câmaras, obtém-se o registro do fluxo transmitral. Mede-se, então, o tempo entre o início do complexo QRS (onda Q no eletrocardiograma) e o final da onda A transmitral no Doppler. O tempo (intervalo QA) é obtido após a programação do marca-passo para um IAV_{curto} e um IAV_{longo}. Em alguns casos em que o $IAV_{ótimo}$ obtido pela fórmula não parece corresponder à melhor diástole, são utilizadas as medidas de intervalos AV que mais se aproximam daquelas que produziram melhor padrão diastólico. A visualização inadequada do término da onda A no Doppler limita a correta obtenção das medidas do QA. É fundamental que o ECG tenha ótima qualidade (Figura 10.4).

Ajuste do intervalo interventricular

Dissincronia interventricular

A dissincronia interventricular é caracterizada por ativação tardia de um ventrículo em relação ao outro, e sua presença será avaliada pelo seguinte parâmetro ecocardiográfico:

- Diferença entre os tempos pré-ejetivos aórtico e pulmonar superior a 40 ms. A diferença entre os tempos pré-ejetivos aórtico e pulmonar é medida pelo Doppler convencional (Figura 10.5).

Otimização do intervalo interventricular em portadores de ressincronizador

O ajuste do intervalo interventricular pode ser realizado por alteração na sequência de ativação interventricular. Começa-se por utilizar a ativação do ventrículo esquerdo 80 ms antes do direito e vai-se reduzindo o IVV (intervalo interventricular) a cada 3 minutos, passando pela ativação simultânea dos dois ventrículos até a ativação inicial do ventrículo direito, de acordo com a Figura 10.6. A maior VTI determina o melhor intervalo interventricular.

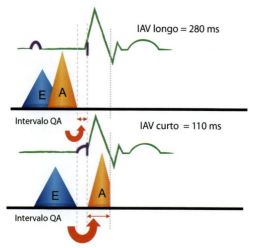

IAV ótimo = IAV curto +{(IAV longo + QA longo) - (IAV curto + QA curto)}

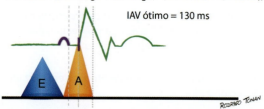

Figura 10.4 Ajuste do intervalo atrioventricular (IAV) por meio da avaliação das velocidades do Doppler pulsátil da valva mitral. O IAV de 280 ms (IAV longo) leva à fusão das ondas E e A, e ao encurtamento do tempo de enchimento diastólico. O IAV de 110 ms (IAV curto) leva à perda da contração atrial. É medido o intervalo QA (setas) para os IAV longo e curto. O IAV ideal é calculado a partir da fórmula acima. O IAV ótimo foi calculado em 130 ms e permitiu o alinhamento entre o fechamento da valva mitral após o término da onda A e a contração ventricular (complexo QRS).

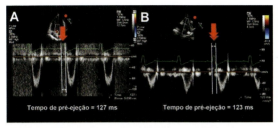

Figura 10.5 A: O tempo de pré-ejeção aórtica é medido entre o início da atividade elétrica, identificado como o início da onda Q ao ECG, até o início da atividade mecânica, dada pelo início da ejeção ventricular ao Doppler pulsátil. B: O tempo de pré-ejeção pulmonar é medido entre o início da atividade elétrica, identificado como o início da onda Q ao ECG, até o início da atividade mecânica, dada pelo início da ejeção ventricular direita ao Doppler pulsátil posicionado na via de saída do ventrículo direito.

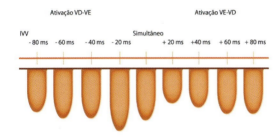

Figura 10.6 Representação esquemática do ajuste do IVV (intervalo interventricular) por meio das medidas das velocidades transvalvares aórticas para estimativa do volume sistólico (VS). O VS está diretamente relacionado à integral da velocidade e do tempo (VTI) da via de saída ventricular esquerda. O IVV ideal corresponde ao intervalo associado ao maior VTI aórtico. Neste exemplo, o IVV ótimo é derivado da estimulação do ventrículo direito (VD) 20 ms antes do ventrículo esquerdo (VE).

Avaliação de dissincronia intraventricular

A dissincronia intraventricular é caracterizada por ativação tardia entre os segmentos do ventrículo esquerdo, e sua presença será avaliada pelos seguintes parâmetros ecocardiográficos mais comumente utilizados:

1. Diferença de intervalo eletromecânico entre dois segmentos de paredes opostas do ventrículo esquerdo ≥ 65 ms pelo Doppler tecidual e entre os 6 segmentos de base do VE é ≥ 100 ms.
2. Desvio padrão para o pico sistólico dos 12 segmentos, basais e médios, nos planos apical de quatro, três e duas câmaras pelo método de Doppler tecidual *spectral* ou colorido ≥ 33 ms (índice de Yu).
3. Uma alternativa seria o cálculo da maior diferença entre os intervalos eletromecânicos, considerando todos os 12 segmentos, sendo o valor de corte ≥100 ms.
4. Diferença de intervalo eletromecânico entre o septo interventricular e a parede posterior do ventrículo esquerdo > 130 ms no plano transverso pelo *speckle tracking* ou modo unidimensional.
5. Desvio padrão para o pico sistólico dos 16 segmentos, pelo ecocardiograma tridimensional ≥ 5 ou 8% dependendo da referência (índice de dissincronia).

Doppler tecidual pulsátil

Os traçados de velocidades miocárdicas pelo Doppler tecidual devem ser obtidos nos segmentos basais das paredes septal inferior, lateral, anterior, inferior, inferolateral e septal anterior do ventrículo esquerdo (nos planos apicais de quatro, três e duas câmaras) e na parede livre do ventrículo direito (plano apical de quatro câmaras). O intervalo eletromecânico é definido como o tempo entre o início do complexo QRS do eletrocardiograma e o pico da onda sistólica miocárdica, medido pelo Doppler tecidual, o que é exemplificado na Figura 10.7. Essas medidas devem ser obtidas a partir da média de três medidas, feitas no final da expiração.

Quando o pico da onda sistólica não for bem definido em todas as paredes, pode-se fazer a medida entre o início do QRS e o início da onda sistólica, em todos os segmentos estudados. Em pacientes com ritmos irregulares (fibrilação atrial ou extrassístoles frequentes), devem-se utilizar, sempre que possível, os complexos que apresentem menor variação e realizar médias de medidas adicionais (em tor-

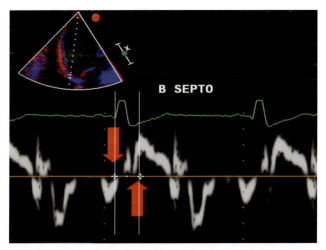

Figura 10.7 Demonstração da medida do intervalo QS ou intervalo eletromecânico no segmento basal do septo inferior. É medido o tempo decorrido entre o início da atividade elétrica, identificado como o pico do componente sistólico ao Doppler tecidual pulsátil.

no de cinco medidas). Isso resulta em exame mais prolongado e de menor acurácia. Nesses casos, não é infrequente que os resultados, que se apresentem nos valores limítrofes, sejam encarados como menos confiáveis. Nessa situação, a avaliação deve ser complementada com medidas de Doppler convencional e de modo unidimensional.

O método de Doppler tecidual apresenta várias limitações como:

- As medidas dos intervalos eletromecânicos são realizadas em diferentes ciclos cardíacos;
- Curva de aprendizado e tempo prolongado do exame: a qualidade das curvas e a identificação do pico do componente sistólico podem ser prejudicadas pelas baixas velocidades de contração miocárdica;
- A dificuldade de alinhamento entre a linha de interrogação e o segmento miocárdico a ser avaliado;
- O método avalia apenas a contração longitudinal, o que corresponde a apenas 15 a 20% das fibras miocárdicas;
- Não avalia a sincronia dos segmentos apicais;
- Baixa reprodutibilidade.
- Para aquisição de imagens de Doppler tecidual é necessário:
- Ajustar o ECG, permitindo a identificação e a delimitação adequada dos complexos QRS;
- Ajustar o ganho (total e setorial), filtros e otimização da imagem 2D para melhor definição do endocárdio;
- Posicionar a cavidade do VE no centro do setor, alinhada o mais vertical possível com a linha de interrogação do estudo Doppler, para permitir um ângulo de incidência ótimo para avaliação da contratilidade longitudinal;
- Ajustar a profundidade para incluir o anel mitral;
- Ativar a análise do DT colorido e o ajuste do tamanho do setor para atingir alta frequência de quadros (*frame rate*) (usualmente 90 quadros/s);

- Solicitar breve período de apneia ao paciente para a aquisição de três a cinco batimentos cardíacos.

Outro método tecnicamente mais simples e rápido para quantificar a dissincronia intraventricular consiste no modo unidimensional convencional. No plano paraesternal transverso, posiciona-se a linha de interrogação no nível dos músculos papilares a uma velocidade de 50 a 100 ms. É medido o tempo de atraso entre o pico da contração septal e o da posterior. A reprodutibilidade do método pode não ser satisfatória em pacientes com doença isquêmica ou chagásica em decorrência da alteração na motilidade segmentar e quando há movimentação passiva e tração. Valores acima de 130 ms estão associados a boa resposta à TRC, principalmente em pacientes com cardiomiopatia não isquêmica. Mas a ausência desse critério não exclui a presença de dissincronia cardíaca (Figura 10.8). O uso adjunto do modo unidimensional tecidual colorido pode ser útil para melhorar a definição entre a transição do deslocamento anterior e posterior das paredes estudadas. O ponto de maior espessamento entre os segmentos miocárdicos avaliados será identificado como a transição entre as cores azul e vermelha nas paredes septal anterior e inferolateral. Esse método permite a avaliação de dois segmentos miocárdicos (segmento basal das paredes septal anterior e inferolateral) e, portanto, não deve ser utilizado isoladamente e sim em combinação com os demais métodos ecocardiográficos para avaliação de sincronia cardíaca.

Análise das imagens do Doppler tecidual colorido (índice de Yu)

- Determinar o tempo de ejeção ventricular esquerda (geralmente, isto é feito por meio do registro Doppler pulsátil nas projeções de cinco ou três câmaras).

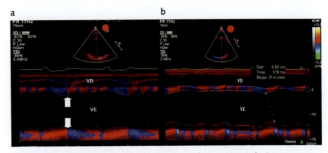

Figura 10.8 O Doppler tecidual colorido pode ser associado à imagem em modo unidimensional para melhorar a identificação do ponto de maior espessamento nas paredes avaliadas. O ponto de maior espessamento corresponde à transição entre as cores azul e vermelho. a: Exemplo de paciente com sincronia normal. b: Paciente com dissincronia significativa (176 ms) ao modo unidimensional colorido.

- Identificar o tamanho e a localização das regiões de interesse (amostra de 5 a 10 mm a 7 a 15 mm) nos segmentos basais e médios das paredes opostas do VE para determinar as curvas de velocidade em função do tempo.
- Se possível, identificar os componentes das curvas de velocidade, o que inclui: tempo de contração isovolumétrica, onda sistólica (onda S), onda E e onda A.
- Ajustar, manualmente, as regiões de interesse nos eixos longitudinal e lado a lado nas paredes do VE para identificar o local onde a velocidade de pico no período de ejeção é mais reprodutível. Quando houver mais de um pico de velocidade, geralmente o pico precoce é o escolhido.
- Determinar o tempo decorrido entre o início do complexo QRS ao pico de velocidade de cada região: quatro segmentos por projeção para as três projeções, total de 12 segmentos. Um exemplo pode ser encontrado na Figura 10.9.

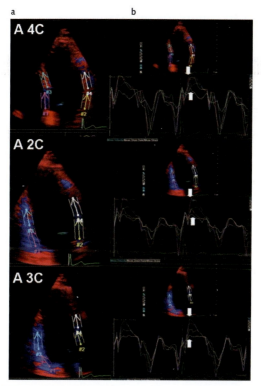

Figura 10.9 Avaliação da sincronia pela técnica de *speckle tracking* em um indivíduo normal. Demonstração das curvas de *strain* longitudinal para cada segmento utilizando as projeções apical de quatro, duas e três câmaras. A variação do *strain* de cada segmento, ao longo do ciclo cardíaco, é representada por linhas de cores diferentes (à direita). Obtém-se, então, o tempo decorrido do início do QRS até o pico de velocidade para cada um dos segmentos basais e médios (total de 12 segmentos). Calcula-se então o desvio padrão para os 12 segmentos analisados. Um desvio padrão ≥ 33 ms indica dissincronia intraventricular significativa (índice de Yu).

Avaliação conjugada de dissincronia

A medida da maior diferença intraventricular é somada com a diferença interventricular (tempo do início do complexo QRS até o pico da onda S da parede livre do ventrículo direito subtraído do tempo do início do QRS até o pico da onda S da parede lateral do ventrículo esquerdo). Caso tal soma seja maior que 100 ms, considera-se que haja dissincronia significativa.

No laudo descritivo, sugere-se que sejam descritas as seguintes observações:

1. A diferença no atraso eletromecânico intraventricular é de ____ ms (dissincronia intraventricular significativa ≥ 65 ms);
2. A soma das diferenças entre os tempos intraventricular e interventricular é de ____ ms (dissincronia cardíaca significativa > 100 ms).

Outros métodos de avaliação da sincronia cardíaca são descritos a seguir.

Strain e strain rate

O *strain* ou *strain rate* radial são medidos nos planos paraesternais transversais e medem a deformação ou a velocidade de deformação em direção ao centro da cavidade ventricular. O *strain* ou *strain rate* circunferencial são medidos nos planos paraesternais transversais e medem, respectivamente, a deformação ou a velocidade de deformação rotacional do ventrículo esquerdo. A diferença de intervalo eletromecânico entre medida no plano paraesternal transverso do ventrículo esquerdo pela técnica de *strain* radial > 130 ms indica dissincronia intraventricular.

11
Ecocardiografia transesofágica

A ecocardiografia transesofágica (ETE) é uma modalidade que permite a análise morfológica e funcional acurada das estruturas cardíacas e dos grandes vasos. Eliminam-se as barreiras ao ultrassom existentes na abordagem transtorácica, como ossos, articulações, tecido adiposo, músculo e ar, diminuindo a distância entre o transdutor e a estrutura de interesse (Figura 11.1).

A ETE não substitui a técnica transtorácica, mas a complementa. O desenvolvimento de transdutores de frequência mais ampla (frequências estendidas; p. ex. de 3,5 a 7 MHz), com capacidade de realizar múltiplos planos (multiplanares) e tridimensionais (3D), associados às modalidades de Doppler, proporcionou um ganho significativo na qualidade da imagem e na capacidade de refinamento diagnóstico da ETE.

Instrumentação e preparo do paciente

Com o paciente sentado, realiza-se **anestesia local da orofaringe com *spray* de lidocaína a 10% (cada nebulização com 10 mg)**, com cinco a oito nebulizações do anestésico, à dose máxima permitida de 200 mg; utilizando-se sempre um máximo de dez.

Inicia-se a sedação, que pode ser realizada com cloridrato de midazolam. A dose total de **midazolam varia de 0,05 a 0,1 mg/**

kg, administrada de forma lenta por 1 a 2 minutos. A medicação deve ser suplementada conforme o grau de sedação do paciente. A dose deve ser reduzida em idosos, pacientes com cardiopatias gra-

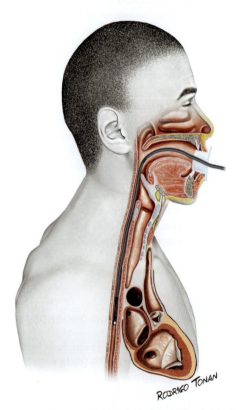

Figura 11.1 Posicionamento inicial do transdutor após a intubação esofágica e incidência do feixe de ultrassom pelo esôfago.

ves e em pacientes muito debilitados, a fim de evitar a depressão respiratória e hipotensão arterial. Em geral, inicia-se o exame com 0,5 mg e doses sucessivas de 0,5 a 1 mg a cada 3 ou 5 minutos até que o paciente apresente sedação leve.

Antes da intubação, o transdutor deve ser inspecionado para detecção de possíveis defeitos e a verificação de **destravamento** dos movimentos da ponta do transdutor é **mandatória**, a fim de evitar traumas na mucosa esofágica. Com o paciente em decúbito lateral esquerdo, introduz-se o transdutor lubrificado com fina camada de lidocaína gel, com movimentos lentos e suaves, solicitando-se ao paciente que realize movimentos de deglutição, facilitando a passagem inicial no esôfago proximal.

Após a realização do exame, deve-se retirar o transdutor com auxílio de compressa ou gaze e verificar se houve indícios de traumatismo do trato digestivo (traços de sangue). Nos casos de sedação profunda ou depressão respiratória, pode-se utilizar medicação antagonista ao cloridrato de midazolam (flumazenil) por via endovenosa. A dose varia de 0,2 a 1 mg, sendo a dose inicial de 0,2 mg, e, caso necessário, pode-se repetir a intervalos de 60 segundos doses subsequentes de 0,1 mg.

As principais indicações para esse procedimento encontram-se no Quadro 11.1.

Para a obtenção dos diversos planos tomográficos da ETE, é fundamental conhecer os movimentos possíveis de serem executados com o transdutor e a relação desses com a anatomia cardíaca, demonstrados na Figura 11.2.

Avaliação da valva mitral

A valva mitral pode ser avaliada pela ETE, utilizando-se os planos do esôfago médio e transgástricos. Devem ser realizadas diferentes rotações para avaliação completa das três boceladuras da cúspide posterior, ou seja, a lateral (P1), a mediana (P2) e a medial (P3) e, para efeitos descritivos, dos três segmentos da cúspide anterior: segmento lateral (A1), segmento mediano (A2) e segmento medial (A3) (Figura 11.3).

No plano do esôfago médio, a 0°, a valva mitral pode ser inicialmente demonstrada pelo posicionamento do transdutor no plano em quatro câmaras. Nesse plano, são visualizados os segmentos medianos, A2 e P2 (Figuras 11.4, 11.5a e 11.5b).

Com a anteroflexão do transdutor, são demonstrados os segmentos laterais (A1 e P1) (Figuras 11.4, 11.6a e 11.6b).

Com a rotação do ângulo para 90°, ocorre inversão, com a cúspide posterior posicionada à esquerda da imagem e a cúspide anterior, à direita (Figuras 11.7a e 11.7b).

Quadro 11.1 Indicações da ecocardiografia transesofágica
ETT não diagnóstica
Pesquisa de fonte emboligênica
Avaliação da endocardite infecciosa
Avaliação de valvas nativas
Avaliação de próteses valvares
Avaliação de doenças da aorta
Avaliação de anormalidades do septo atrial
Avaliação de massas e tumores
Avaliação de cardiopatias congênitas
Monitorização intraoperatória durante cirurgias cardíacas e não cardíacas
Monitorização durante procedimentos intervencionistas (implante de próteses valvares percutâneas e próteses oclusoras – Amplatzer®)

ETT: ecocardiografia transtorácica.

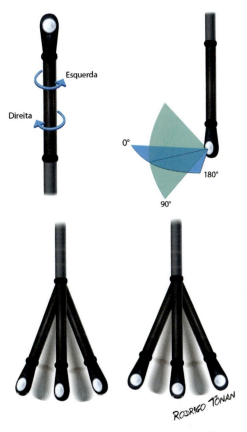

Figura 11.2 Movimentos possíveis do transdutor transesofágico dentro do esôfago: giro em sentido horário e anti-horário, feito manualmente, rotação do plano ultrassonográfico, feito eletronicamente pelo botão específico na base do transdutor, ântero e posteroflexão e movimentos de flexão lateral, feitos na base do transdutor utilizando-se a canopla.

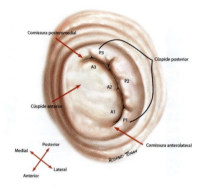

Figura 11.3 Segmentos das cúspides anterior e posterior da valva mitral.

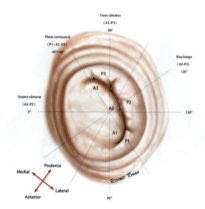

Figura 11.4 Esquema demonstrando os segmentos das cúspides da valva mitral, que podem ser visualizados em cada plano da ecocardiografia transesofágica.

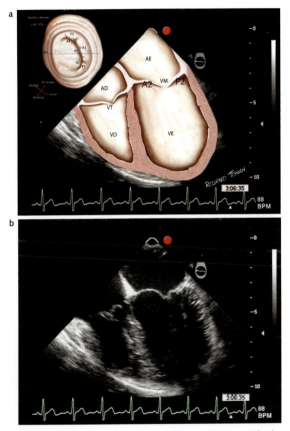

Figuras 11.5a e 11.5b Estruturas do plano de quatro câmaras obtido pela ecocardiografia transesofágica. AE: átrio esquerdo; VD: ventrículo direito; VE: ventrículo esquerdo; VM: cúspides anterior e posterior da valva mitral; VT: valva tricúspide.

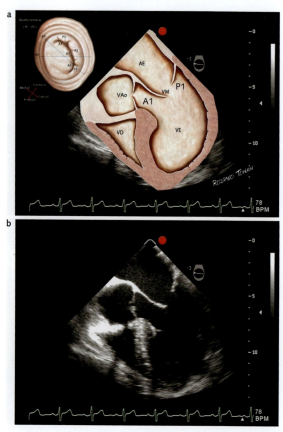

Figuras 11.6a e 11.6b Estruturas do plano em cinco câmaras obtido pela ecocardiografia transesofágica. VAo: valva aórtica; AE: átrio esquerdo; VD: ventrículo direito; VE: ventrículo esquerdo; VM: cúspides anterior e posterior da valva mitral.

11 ECOCARDIOGRAFIA TRANSESOFÁGICA 207

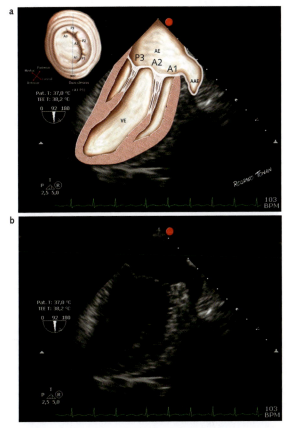

Figuras 11.7a e 11.7b Estruturas do plano de duas câmaras obtido pela ecocardiografia transesofágica. AAE: apêndice atrial esquerdo; AE: átrio esquerdo; VE: ventrículo esquerdo.

Com ângulo intermediário (45-60°), o plano de imagem é paralelo à linha que intercepta as duas comissuras (plano comissural), assim o A2 é visto no meio da via de entrada do ventrículo esquerdo, com as boceladuras da cúspide posterior de cada lado: P1 é mostrado à direita, e P3, à esquerda da imagem (Figuras 11.8a e 11.8b). No plano longitudinal, a 120°, o P2 é mostrado à esquerda, e o A2, à direita da imagem (Figuras 11.4 e 11.9a, b, c).

Demais planos de imagens pela ecocardiografia transesofágica

Esôfago médio

Com a ponta do transdutor posicionada no esôfago médio, posteriormente ao ventrículo esquerdo, pode-se obter o plano em quatro câmaras com rotação de 0° e flexão posterior da ponta do transdutor em direção ao ápice do ventrículo esquerdo (Figuras 11.5a e 11.5b).

A flexão anterior propicia uma projeção do trato de saída ventricular esquerdo e das cúspides da valva mitral análoga ao plano apical de cinco câmaras, segmentos A1 e P1 da valva mitral (Figuras 11.6a e 11.6b).

Ainda no esôfago médio, angulando-se para 60°, pode ser observado o plano intermediário em duas câmaras, corte comissural (Figuras 11.8a, 11.8b).

Com uma maior rotação do transdutor (aproximadamente 90°), obtém-se o plano de duas câmaras em que são visualizadas as paredes inferior e anterior e o apêndice atrial esquerdo.

O plano longitudinal é obtido com rotação de 120° e corresponde ao plano paraesternal longitudinal obtido pela ecocardiografia transtorácica. A aorta ascendente proximal, os seios aórticos e as válvulas coronariana direita e não coronariana da valva

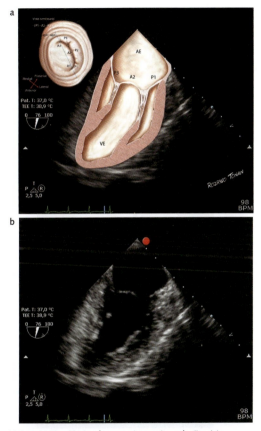

Figuras 11.8a e 11.8b Neste plano, corte comissural, são vistas as paredes inferior e anterolateral do ventrículo esquerdo, o que permite a avaliação da função sistólica regional e fornece o plano ortogonal para o cálculo da fração de ejeção. Nessa posição, observam-se as boceladuras, da direita para a esquerda, P1, A2 e P3 da valva mitral. AE: átrio esquerdo; VE: ventrículo esquerdo.

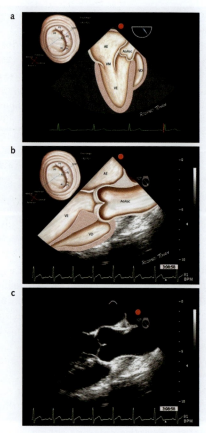

Figuras 11.9a, b, c Estruturas do plano longitudinal obtido pela ecocardiografia transesofágica. AE: átrio esquerdo; VM: cúspides anterior e posterior da valva mitral: AoAsc, aorta ascendente; VE: ventrículo esquerdo; VD: ventrículo direito.

aórtica são bem visíveis. Esse plano é muito importante para a avaliação da dissecção de aorta ascendente, membrana subaórtica, defeito do septo ventricular supracristal, aneurisma dos seios aórticos, vegetações da valva aórtica e formação de abscessos valvares. As cúspides anterior (A2) e posterior (P2) da valva mitral são vistas no plano longitudinal (Figuras 11.4 e 11.9a, b, c).

Uma vista transversal no nível da valva aórtica pode ser obtida pela rotação do plano da imagem entre 30° e 45° com flexão anterior da ponta do transdutor e no esôfago médio-alto até o nível da valva aórtica. A visualização da anatomia da valva aórtica é excelente, na qual são vistas as três válvulas e os seios aórticos (Figuras 11.10a e 11.10b), com a origem das artérias coronárias.

No plano transverso, o septo interatrial é bem demonstrado, com fossa oval claramente definida (Figuras 11.10b, 11.11a e 11.11b), via de entrada a 60° e via de saída do VD.

Prosseguindo a rotação entre o ângulo de 90° a 110°, do plano transverso para o plano longitudinal novamente e girando-se o transdutor em sentido horário, obtém-se o corte bicaval que mostra o septo interatrial, as veias cavas superior e inferior e o apêndice atrial direito (Figuras 11.12a e 11.12b). Algumas vezes, pode-se observar um remanescente da válvula de Eustáquio, na junção da veia cava inferior com o átrio direito.

Girando-se o transdutor no sentido anti-horário e fletindo anteriormente em rotação para a direção de 0°, visualiza-se o apêndice atrial esquerdo e identifica-se a veia pulmonar superior esquerda por fluxo em direção caudocranial ao mapeamento de fluxo em cores (Figuras 11.13a e 11.13b).

A veia pulmonar inferior esquerda, projetada lateralmente, pode ser vista avançando o transdutor e com leve flexão posterior (Figuras 11.14a e 11.14b).

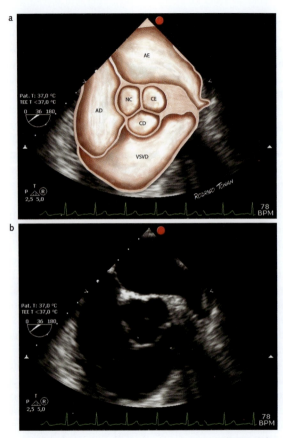

Figuras 11.10a e 11.10b Estruturas do plano transversal no nível da valva aórtica, obtido pela ecocardiografia transesofágica. Podem ser visualizadas as seguintes válvulas da valva aórtica: NC: válvula não coronariana; CD: válvula coronariana direita; CE: válvula coronariana esquerda; AE: átrio esquerdo; AD: átrio direito; VSVD: via de saída do ventrículo direito.

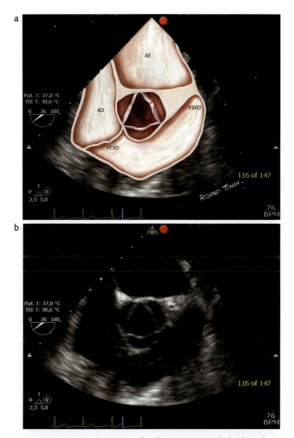

Figuras 11.11a e 11.11b Estruturas do plano transversal obtido pela ecocardiografia transesofágica, com rotação de 60° do ângulo no sentido horário. AE: átrio esquerdo; AD: átrio direito; VEVD: via de entrada do ventrículo direito; VSVD: via de saída do ventrículo direito.

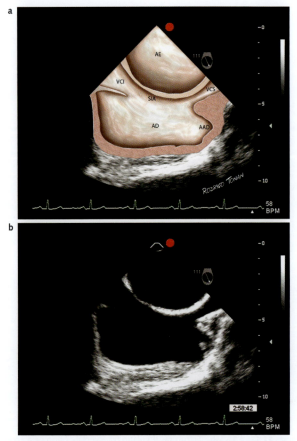

Figuras 11.12a e 11.12b Estruturas do plano bicaval obtido pela ecocardiografia transesofágica. AE: átrio esquerdo; SIA: septo interatrial; VCI: veia cava inferior; VCS: veia cava superior; AD: átrio direito; AAD: apêndice atrial direito.

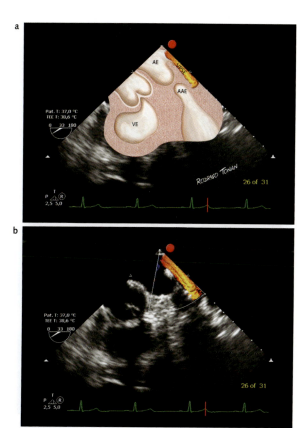

Figuras 11.13a e 11.13b Estruturas visualizadas em posição esofágica, no esôfago médio alto a 30°. AAE: apêndice atrial esquerdo; AE: átrio esquerdo; VE: ventrículo esquerdo; VPSE: veia pulmonar superior esquerda.

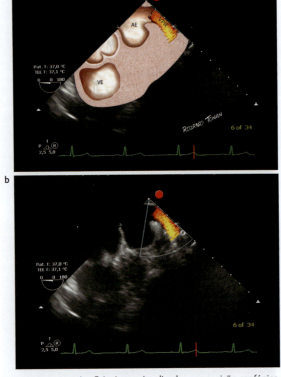

Figuras 11.14a e 11.14b Estruturas visualizadas em posição esofágica, por meio da posteriorização do transdutor e leve introdução do aparelho, com angulação entre 0 e 30°. AE: átrio esquerdo; VE: ventrículo esquerdo; VPIE: veia pulmonar inferior esquerda.

As veias pulmonares direitas são vistas com um giro em sentido horário e com a retirada cefálica do transdutor ainda a 0° (Figuras 11.15a e 11.15b).

Esôfago alto

Aorta torácica ascendente e artéria pulmonar

Com rotação do transdutor a 0° e com anteriorização máxima, obtém-se o plano transverso da aorta ascendente e da veia cava superior e o plano longitudinal da artéria pulmonar e seus ramos. Esse plano é obtido pela retirada do transdutor a partir do plano transverso da valva aórtica, no esôfago extremamente alto com anteroflexão (Figuras 11.16a e 11.16b).

Rodando-se o plano para aproximadamente 110°, obtém-se o plano longitudinal da aorta e o transverso da artéria pulmonar direita (Figuras 11.17a e 11.17b).

Plano transgástrico

Com a ponta do transdutor no estômago, angulação a 0° e anteroflexão, obtém-se a imagem transversal do ventrículo esquerdo no nível dos músculos papilares (Figuras 11.18a e 11.18b).

Na projeção, são avaliadas a função sistólica global do ventrículo esquerdo, as dimensões e a espessura da parede ventricular. Retirando-se o transdutor com flexão anterior, na direção do esôfago, pode-se obter um plano transversal da valva mitral. Essa projeção ajuda na definição precisa do aparato anatômico da valva em pacientes com alteração valvar (Figuras 11.19a e 11.19b).

Valendo-se da posição transgástrica, o plano de duas câmaras do ventrículo esquerdo é obtido rodando-se 90° o plano de imagem (Figuras 11.20a e 11.20b).

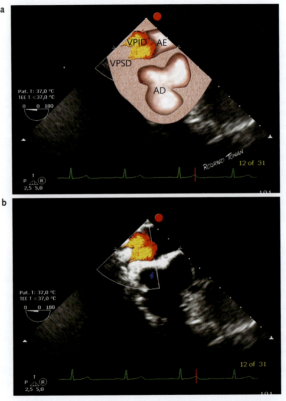

Figuras 11.15a e 11.15b Plano para visualização das veias pulmonares direitas, em posição esofágica, por meio da rotação do transdutor em sentido horário e leve tracionamento (retirada). AD: átrio direito; AE: átrio esquerdo; VPID: veia pulmonar inferior direita; VPSD: veia pulmonar superior direita.

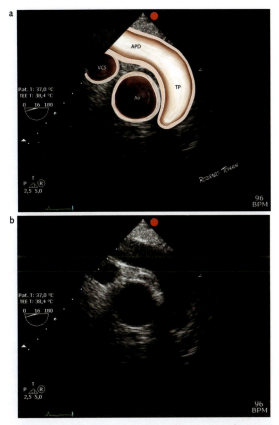

Figuras 11.16a e 11.16b No plano transverso da aorta ascendente a 0°, com flexão anterior do transdutor, o tronco da artéria pulmonar e a artéria pulmonar direita são visualizados em seu eixo longitudinal, e a veia cava superior, em eixo transverso. Ao: aorta ascendente; APD: artéria pulmonar direita; TP: tronco pulmonar; VCS: veia cava superior.

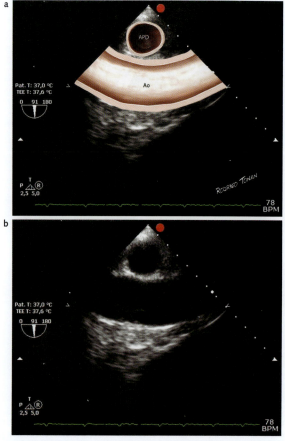

Figuras 11.17a e 11.17b A aproximadamente 110°, obtêm-se o plano longitudinal da aorta e a artéria pulmonar direita em seu eixo transverso. Ao: aorta ascendente; APD: artéria pulmonar direita.

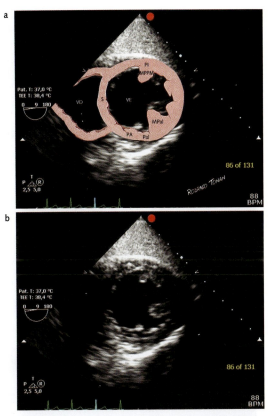

Figuras 11.18a e 11.18b Estruturas visualizadas em posição gástrica, com anteriorização máxima do transdutor e angulação a 0° (plano transverso no nível médio dos ventrículos). MPal: músculo papilar anterolateral; MPPM: músculo papilar posteromedial; PA: parede anterior do VE; Pal: parede anterolateral; PI: parede inferior do VE; S: septo ventricular; VD: ventrículo direito; VE: ventrículo esquerdo.

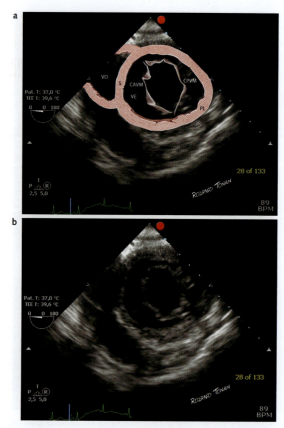

Figuras 11.19a e 11.19b Estruturas visualizadas em posição gástrica, com anteriorização máxima do transdutor e angulação a 0° (plano transverso no nível basal dos ventrículos). CAVM: cúspide anterior da valva mitral; CPVM: cúspide posterior da valva mitral; PL: parede lateral do ventrículo esquerdo; S: septo ventricular; VD: ventrículo direito; VE: ventrículo esquerdo.

11 ECOCARDIOGRAFIA TRANSESOFÁGICA 223

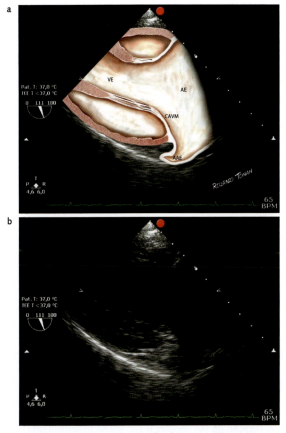

Figuras 11.20a e 11.20b Estruturas visualizadas em posição gástrica e angulação a 90° (plano longitudinal ao nível médio dos ventrículos). AAE: apêndice atrial esquerdo; AE: átrio esquerdo; CAVM: cúspide anterior da valva mitral; VE: ventrículo esquerdo.

A partir desse plano, girando-se o transdutor no sentido horário, obtém-se uma imagem do átrio direito, da valva tricúspide e do ventrículo direito semelhante ao plano transtorácico de via de entrada do ventrículo direito (Figuras 11.21a e 11.21b).

Com a rotação para aproximadamente 120° do plano transgástrico, obtém-se o plano transgástrico longitudinal em que se visualizam a via de saída do ventrículo esquerdo, a valva aórtica, a aorta proximal, a parede inferolateral e o septo anterior do ventrículo esquerdo (Figuras 11.22a e 11.22b).

Por meio de introdução da sonda no fundo gástrico, rotação a 0° e anteriorização, obtém-se o plano transgástrico profundo em que são visualizados a via de saída do ventrículo esquerdo, a valva aórtica, a aorta proximal, a valva mitral, o átrio esquerdo e o ventrículo esquerdo (Figuras 11.23a e 11.23b).

Esôfago baixo e médio

Aorta torácica descendente e abdominal proximal

O giro do transdutor a partir do posicionamento transesofágico ou transgástrico em qualquer direção, horária ou anti-horária, demonstra o plano transversal da aorta torácica descendente. A mesma é posicionada no tórax, à direita do esôfago, em sua porção distal, posterior ao esôfago, na porção média, e à esquerda do esôfago, próximo ao arco aórtico.

A aorta aparece em forma circular, a 0°, e apresenta pulsações sistólicas normais que podem ser observadas durante a retirada do transdutor, desde a sua porção abdominal proximal até a porção descendente proximal intratorácica (Figuras 11.24a e 11.24b) e uma rotação de 90° mostra o seu plano longitudinal (Figuras 11.25a e 11.25b).

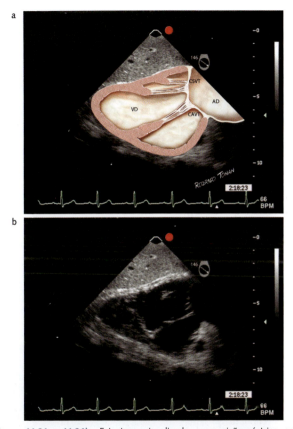

Figuras 11.21a e 11.21b Estruturas visualizadas em posição gástrica, com giro horário do transdutor e angulação entre 90° e 120°; plano longitudinal no nível médio da via de entrada do ventrículo direito. AD: átrio direito; CAVT: cúspide anterior da valva tricúspide; CSVT: cúspide septal da valva tricúspide; VD: ventrículo direito.

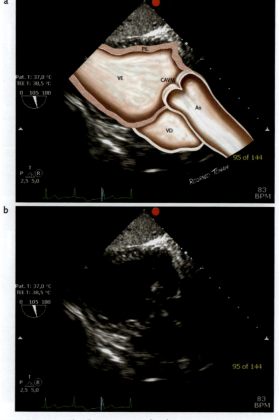

Figuras 11.22a e 11.22b Estruturas visualizadas em posição gástrica e angulação a 120°. Ao: aorta; CAVM: cúspide anterior da valva mitral; PIL: parede inferolateral do ventrículo esquerdo; VD: ventrículo direito; VE: ventrículo esquerdo.

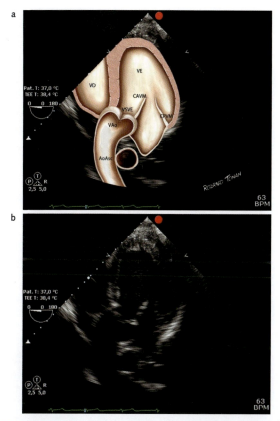

Figuras 11.23a e 11.23b Estruturas visualizadas em posição gástrico-profunda a 0° com anteriorização máxima da ponta do transdutor. AoAsc: aorta ascendente; CAVM: cúspide anterior da valva mitral; CPVM: cúspide posterior da valva mitral; VAo: valva aórtica; VD: ventrículo direito; VE: ventrículo esquerdo; VSVE: via de saída do ventrículo esquerdo.

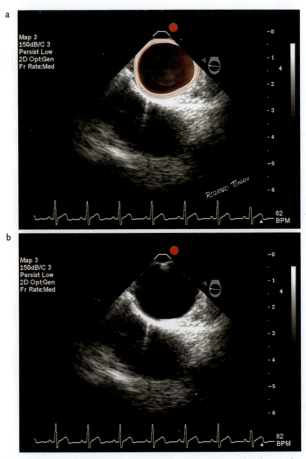

Figuras 11.24a e 11.24b Aorta torácica descendente, visualizada em plano transversal, no nível do esôfago médio, com angulação a 0°.

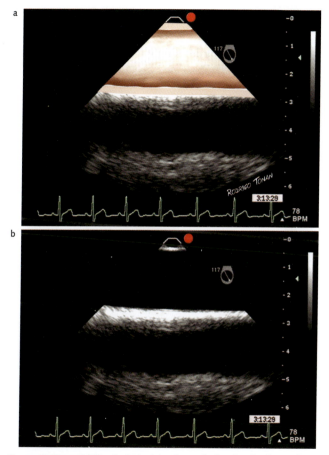

Figuras 11.25a e 11.25b Aorta torácica descendente, visualizada em plano longitudinal, no nível do esôfago médio, com angulação a 90°.

Retirando-se um pouco mais o transdutor, no nível do esôfago alto, a 90°, observa-se plano transverso do arco aórtico com artéria subclávia esquerda à direita da tela e artéria pulmonar e valva pulmonar à esquerda da tela.

No plano transversal, a 0° no esôfago alto, quando o transdutor chega no arco, girando o transdutor no sentido anti-horário, com angulação posterior, consegue-se um plano longitudinal do arco aórtico (Figuras 11.26a e 11.26b).

Retirando-se um pouco mais o transdutor, no nível do esôfago alto, a aproximadamente 90°, observa-se o plano transverso do arco aórtico com artéria subclávia esquerda à direita da tela e artéria pulmonar e valva pulmonar à esquerda da tela (Figuras 11.27 e 11.27b).

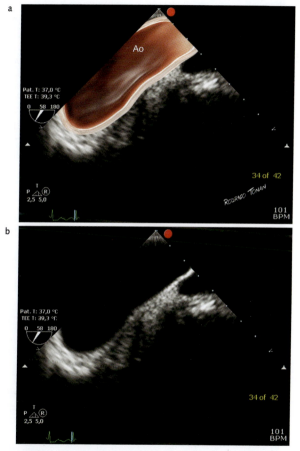

Figuras 11.26a e 11.26b A 0° no esôfago alto, observa-se o plano longitudinal do arco aórtico (Ao).

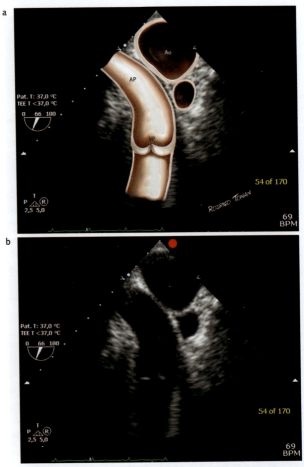

Figuras 11.27a e 11.27b A 90° observa-se o plano transverso do arco aórtico com artéria pulmonar. Ao: aorta; AP: artéria pulmonar; VP: valva pulmonar.

12
Ecocardiografia sob estresse

Modalidades

A ecocardiografia sob estresse conta com várias modalidades, como a ecocardiografia por meio do esforço, com uso de marca-passo transesofágico, com uso de drogas vasodilatadoras como dipiridamol e adenosina e com drogas adrenérgicas, como a dobutamina. Para o estudo de vasoespasmo, é possível contar com o teste de hiperventilação e com o uso de drogas como a ergonovina.

Indicações gerais

Avaliação de isquemia miocárdica em indivíduos sintomáticos, quando o teste ergométrico padrão não é diagnóstico; pesquisa de isquemia miocárdica em pacientes com quadro clínico não sugestivo de insuficiência coronária e teste ergométrico positivo ou duvidoso; avaliação de isquemia miocárdica em pacientes que não podem realizar exercício físico ou pacientes com bloqueios de ramo ao eletrocardiograma ou em uso de drogas que possam alterar o resultado do teste ergométrico; avaliação do significado funcional de lesões coronárias conhecidas; estratificação de risco após IAM não complicado; estratificação de risco em pré-operatório de cirurgia não cardíaca (cirurgia vascular, transplante renal ou hepático) e detecção de viabilidade miocárdica.

Contraindicações gerais

Dor precordial anginosa típica em repouso de início recente (angina de início recente) ou pacientes em período após IAM complicado; estenose ou insuficiência valvar grave; pacientes com instabilidade hemodinâmica ou clínica (angina instável, cardiomiopatia descompensada, endocardite/miocardites agudas); gravidez; dissecção de aorta; relato de alergia às drogas a serem utilizadas nos testes farmacológicos.

Contraindicações específicas

Dobutamina	Hipertensão descontrolada, especialmente quando em uso de betabloqueadores, arritmias atriais e ventriculares graves fora de controle
Dipiridamol	Doença pulmonar obstrutiva crônica sintomática; doença do nó sinusal
Atropina	Poliúria, glaucoma, idade avançada (doses acima de 0,5 mg)
Metoprolol	Asma, DPOC, hipotensão arterial, BAV de segundo grau ou maior e hipertensão no pico do estresse (PAS $\geq$ 180 mmHg e/ou PAD $\geq$ 110 mmHg) durante o pico de infusão de dobutamina

DPOC: doença pulmonar obstrutiva crônica; BAV: bloqueio atrioventricular; PAS: pressão arterial sistólica; PAD: pressão arterial diastólica.

Protocolos da ecocardiografia sob estresse

Para avaliação semiquantitativa da motilidade segmentar, escores são dados a cada um dos 17 segmentos do ventrículo esquerdo baseados na avaliação do espessamento endocárdico e no grau de motilidade de parede de acordo com os valores em cada fase do teste.

Estresse físico

Pode ser realizada em esteira ou bicicleta ergométrica (Figura 12.1). Fornece informações valiosas tanto para a detecção de isquemia miocárdica quanto para avaliação de doença valvar, miocárdica ou pericárdica.

O protocolo mais utilizado no teste em esteira é o protocolo de Bruce, com aquisição das imagens em repouso e **logo após o término do esforço, entre 1 e 1,5 min** após o esforço, uma vez que a frequência cardíaca cai rapidamente com a interrupção do esforço.

Protocolo em bicicleta é realizado em posição vertical ou posição supina, iniciando com carga de 25 W e aumentando 25 W a cada 3 minutos. As imagens são adquiridas em repouso, com carga de 25 W, no pico do esforço e na recuperação, tendo a possibilidade de aquisição de imagens durante todo o esforço, principal vantagem em relação ao teste em esteira. Havendo a necessidade de informações com Doppler, o teste com bicicleta é o mais indicado (Figura 12.2).

Protocolo com dobutamina-atropina

Dentre os agentes farmacológicos utilizados para indução de estresse, a dobutamina é o mais empregado na prática clínica para pesquisa de isquemia e viabilidade miocárdicas. O protocolo utili-

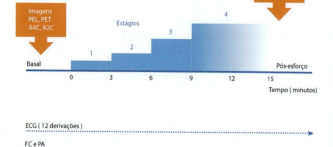

Figura 12.1 Desenho esquemático demonstrando a sequência temporal do protocolo sob estresse físico pelo esforço físico em esteira. PEL: paraesternal longitudinal; PET: paraesternal transversal; A4C: apical de quatro câmaras; A2C: apical de duas câmaras.

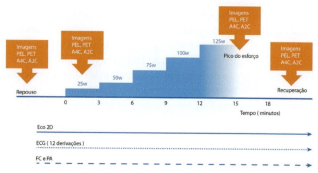

Figura 12.2 Desenho esquemático demonstrando a sequência temporal do protocolo sob estresse físico em bicicleta. PEL: paraesternal longitudinal; PET: paraesternal transversal; A4C: apical de quatro câmaras; A2C: apical de duas câmaras.

zado rotineiramente consiste na infusão intravenosa de dobutamina **iniciada na dose de 5 µg/kg/min** com aumentos crescentes para **10, 20, 30 até 40 µg/kg/min a cada 3 minutos**. Caso o paciente não apresente sinais evidentes de isquemia miocárdica, não tenha atingido frequência cardíaca de no mínimo **100 batimentos por minuto com dose de 20 µg/kg/min de dobutamina** e não tenha contraindicação específica, a **atropina** pode ser **administrada na dose de 0,25 mg a cada minuto, até o máximo de 2,0 mg**. Após o pico do estresse, betabloqueador (pode ser administrado metoprolol na dose de 5 mg ou esmolol na dose de 0,1 mg/kg) de forma rápida (durante 1 minuto), desde que não haja contraindicação, e somente se a pressão arterial sistólica estiver abaixo de 180 mmHg e a pressão arterial diastólica estiver abaixo de 110 mmHg (Figura 12.3), na tentativa de aumentar a acurácia diagnóstica do exame.

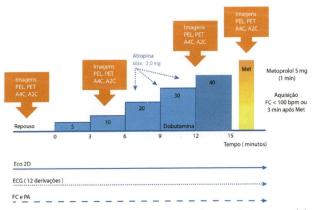

Figura 12.3 Desenho esquemático demonstrando a sequência temporal do protocolo sob estresse farmacológico pela dobutamina-atropina. PEL: paraesternal longitudinal; PET: paraesternal transversal; A4C: apical de quatro câmaras; A2C: apical de duas câmaras.

A aquisição digital das imagens (*quad-screen*) é realizada no estado basal, com baixa dose de dobutamina (10 µg/kg/min), no pico do estresse e na recuperação (Figuras 12.4a, b, c, d) (são capturadas quando a frequência cardíaca estiver abaixo de 100 bpm ou 3 minutos após a injeção de metoprolol).

Os objetivos da ecocardiografia sob estresse pela dobutamina-atropina são:

- Detecção de sinais ecocardiográficos evidentes de isquemia;

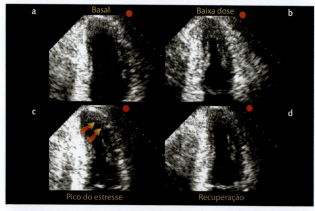

Figura 12.4 Imagens em *quad-screen* do plano apical de duas câmaras, durante ecocardiografia sob estresse pela dobutamina e atropina: (a) imagem de repouso; (b) imagem obtida com infusão de baixa dose de dobutamina, convencionalmente 10 µg/kg/min; (c) imagem obtida durante o pico de infusão de dobutamina onde se observa redução no espessamento parietal (setas); (d) imagem obtida após a infusão de metoprolol. Devem ser adquiridas imagens para os quatro planos padronizados, paraesternal longitudinal, paraesternal transversal (ao nível médio dos ventrículos); apical de quatro câmaras e apical de duas câmaras, para cada um dos quatro estágios descritos.

- **Atingir frequência cardíaca alvo (mínimo de 85% da frequência cardíaca máxima prevista para a idade);**
- **Término do protocolo de estresse.**

São considerados critérios de **interrupção** do exame a presença de **angina intensa ou típica; alterações eletrocardiográficas evidentes de isquemia** (supradesnivelamento do segmento ST > 1 mV em pacientes sem infarto do miocárdio prévio); **alterações ecocardiográficas evidentes de isquemia; arritmias supraventriculares** (taquicardia supraventricular, fibrilação atrial); **arritmias ventriculares** (taquicardia ventricular não sustentada, **taquicardia ventricular sustentada**, fibrilação ventricular); **hipertensão** arterial [pressão arterial sistólica (PAS) ≥ **240 mmHg** ou pressão arterial diastólica **(PAD) ≥ 120 mmHg**] ou presença de sinais clínicos de encefalopatia hipertensiva independentemente dos níveis pressóricos atingidos; hipotensão arterial sintomática; sintomas intoleráveis.

Efeitos colaterais, tais como palpitações, náuseas, cefaleia, tremores, urgência miccional e ansiedade, geralmente são bem tolerados sem necessidade de interrupção do teste.

Protocolo com dipiridamol-atropina

A ecocardiografia sob estresse pelo dipiridamol é o protótipo de um teste para a avaliação de redução da reserva coronariana, por causa de fatores orgânicos (quase exclusivamente estenoses coronarianas hemodinamicamente significativas), não envolvendo o componente funcional (fatores vasoespásticos).

Para que a ecocardiografia sob estresse pelo dipiridamol seja eficaz, os pacientes devem ser orientados a não ingerir medicamentos ou alimentos que contenham cafeína ou derivados de xantinas por um período de 24 horas antes do exame.

O protocolo consiste na administração intravenosa de dipiridamol na dose de 0,56 mg/kg em 4 minutos, seguida de 4 minutos de observação, com monitorização ecocardiográfica. Caso não ocorram alterações da motilidade segmentar ou efeitos colaterais limitantes, dose adicional de 0,28 mg/kg é administrada em 2 minutos, totalizando a dose de 0,84 mg/kg em 10 minutos. Se não forem alcançados critérios diagnósticos, a atropina pode ser administrada a partir do décimo segundo minuto, em doses de 0,25 mg a cada minuto, até a dose cumulativa de 1 mg. O teste é finalizado com a infusão de 70 mg de aminofilina (3 mL, durante 1 a 3 minutos), no décimo oitavo minuto em caso de teste negativo ou sempre que houver alteração da motilidade segmentar. Doses maiores de aminofilina, até 240 mg, podem ser administradas sempre que necessário, conforme orientação médica (Figura 12.5).

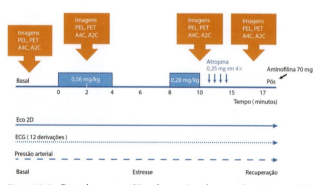

Figura 12.5 Desenho esquemático demonstrando a sequência temporal do protocolo sob estresse farmacológico pelo dipiridamol-atropina. PEL: paraesternal longitudinal; PET: paraesternal transversal; A4C: apical de quatro câmaras; A2C: apical de duas câmaras.

Preparo das drogas utilizadas na ecocardiografia sob estresse farmacológico

- Cloridrato de dobutamina – frasco de 1 ampola (20 mL) = 250 mg.

Forma 1: diluir 20 mL de dobutamina em 230 mL de SF 0,9% (1 mL da solução = 1 mg de dobutamina) e colocar a solução em equipo em bomba de infusão.

Forma 2: diluir 6 mL de dobutamina em 69 mL de SF 0,9% (1 mL da solução = 1 mg de dobutamina) e colocar a solução em equipo em bomba de infusão.

A solução de dobutamina deverá ser conectada por meio de duas torneiras de três vias ao acesso venoso periférico (AVP), sem uso de extensores. A via mais próxima do AVP deverá ser utilizada para a administração de outras drogas (atropina e metoprolol). Em uma das vias deverá ficar conectado o SF 0,9% 250 mL, com equipo macrogotas, que será infundido em caso de hipotensão.

- Atropina – frasco de 1 ampola = 0,25 mg.

Aspirar quatro ampolas em uma seringa e diluir com água destilada para 10 mL; preparar duas seringas da mesma forma (total de 2,0 mg).

A atropina deverá ser administrada na torneira pela via mais próxima ao acesso venoso periférico.

- Metoprolol – frasco de 1 ampola = 5 mg (já vem em seringa pronta para uso).

Para fins diagnósticos, com o intuito de melhorar a sensibilidade do exame, administrar 1 ampola em 1 minuto após o término da captura das imagens de pico do estresse, conforme ordem médica (antes da administração, verificar a pressão arterial). Quando utilizado como antídoto, infundir lentamente, de 2 a 4 minutos.

- Esmolol – frasco de 1 ampola = 100 mg.

Pode ser utilizado, em vez de metoprolol, na dose de 0,5 mg/kg, podendo chegar à dose total de 1 mg/kg caso necessário, a fim de se combater os efeitos colaterais da dobutamina.

- Dipiridamol – frasco de 1 ampola (2,0 mL) = 10 mg, 1 mL = 5 mg.

Dose total a ser infundida durante o exame = 0,84 mg/kg, em 10 minutos.
Cálculo da dose a ser utilizada: (peso em kg × 0,84) / 5 = volume em mL a ser administrado.
Dividir o total do volume a ser administrado em partes iguais em três seringas de 20 mL; completar cada seringa com água destilada até os 20 mL. Cada uma dessas seringas conterá um volume de 20 mL com 0,28 mL/kg de dipiridamol.
A enfermagem deverá administrar o conteúdo da primeira seringa lentamente, durante os primeiros 2 minutos do protocolo e, em seguida, administrar a segunda seringa com lentidão, durante os próximos 2 minutos do protocolo. Após a segunda seringa, aguardar 4 minutos. Ao final dos 4 minutos, administrar a terceira seringa em 2 minutos caso não haja isquemia ou efeito colateral.

- Aminofilina – frasco de 1 ampola (10 mL) = 240 mg.

Aspirar 3 mL (70 mg) em caso de uso do protocolo com dipiridamol.

Bibliografia

1. Antonini-Canterin F, Pavan D, Burelli C, Cassin M, Cervesato E, Nicolosi GL. Validation of the ejection fraction-velocity ratio: a new simplified "function-corrected" index for assessing aortic stenosis severity. Am J Cardiol. 2000;86:427-33.
2. Appleton CP, Firstenberg MS, Garcia MJ, Thomas JD. The echo-Doppler evaluation of left ventricular diastolic function. A current perspective. Cardiol Clin. 2000;18:513-46.
3. Barbier C, Loubieres Y, Schmit C, Hayon J, Ricome JL, Jardin F, et al. Respiratory changes in inferior vena cava diameter are helpful in predicting fluid responsiveness in ventilated septic patients. Intensive Care Med. 2004;30:1740-6.
4. Barold SS, Ilercil A, Herweg B. Echocardiographic optimization of the atrioventricular and interventricular- intervals during cardiac resynchorization. Europace. 2008;10(Suppl3):iii88-95.
5. Baumgartner H, Hung J, Bermejo J, Chambers JB, Evangelista A, Griffin BP, et al. Echocardiographic assessment of valve stenosis: EAE/ASE Recommendations for clinical practice. J Am Soc Echocardiogr. 2009;22;1:1-23.
6. Bax JJ, Bleeker GB, Marwick TH, Molhoek SG, Boersma E, Steendijk P, et al. Left ventricular dyssynchrony predicts response and prognosis after cardiac resynchronization therapy. J Am Coll Cardiol. 2004;44:1834-40.
7. Bertini M, Delgado V, Bax JJ, Van de Veire NR. Why, how and when do we need to optimize the setting of cardiac resynchronization therapy? Euroespace. 2009;11(Suppl5):46-57.

8. Buckberg GD, Weisfeldt ML, Ballester M, Beyar R, Burkhoff D, Coghlan HC, et al. Left ventricular form and function: scientific priorities and strategic planning for development of new views of disease. Circulation. 2004;110(14):e333-6.
9. Burstow DJ, Oh JK, Bailey KR, Seward JB, Tajik AJ. Cardiac tamponade: characteristic Doppler observations. Mayo Clin Proc. 1989;64:312-24.
10. Cerqueira MD, Weissman NJ, Dilsizian V, Jacobs AK, Kaul S, Laskey WK, et al. Standardized myocardial segmentation and nomenclature for tomographic imaging of the heart: a statement for healthcare professionals from the Cardiac Imaging Committee of the Council on Clinical Cardiology of the American Heart Association. Circulation. 2002;105:539-42.
11. Edelman SK. Understanding ultrasound physics: fundamentals and exam review. 2.ed. Woodlands: EXP; 1994.
12. Enriquez-Sarano M, Seward JB, Bailey KR, Tajik AJ. Effective regurgitant orifice area: a noninvasive Doppler development of an old hemodynamic concept. J Am Coll Cardiol. 1994;23:443-51.
13. Federative Committee on Anathomical Therminology. Terminologia anatômica. Sttutgart: Georg Verlag; 1998.
14. Feissel M, Michard F, Faller JP, Teboul JL. The respiratory variation in inferior vena cava diameter as a guide to fluid therapy. Intensive Care Med. 2004;30:1834-7.
15. Feissel M, Michard F, Mangin I, Ruyer O, Faller JP, Teboul JL. Respiratory changes in aortic blood velocity as an indicator of fluid responsiveness in ventilated patients with septic shock. Chest. 2001;119:867-73.
16. Fiegenbaum H (ed.). Echocardiography. Philadelphia: Lea & Febinger; 2005.
17. Firstenberg MS, Levine BD, Garcia MJ, Greenberg NL, Cardon L, Morehead AJ, et al. Relationship of echocardiographic indices to pulmonary capillary wedge pressures in healthy volunteers. J Am Coll Cardiol. 2000;36:1664-9.
18. Föll D, Geibel-Zehender A, Bode C. Constrictive pericarditis: etiology, diagnostic work-up, and therapy. Herz. 2010;35(2):80-5. Review.
19. Garcia MJ, Ares MA, Asher C, Rodriguez L, Vandervoort P, Thomas JD. Color M-mode flow velocity propagation: an index of early left ventricular filling that combined with pulsed Doppler E velocity may predict capillary wedge pressure. J Am Col Cardiol. 1997;29:448-54.

20. Garcia MJ, Thomas JD, Klein AL. New Doppler echocardiographic applications for study of diastolic function. J Am Col Cardiol. 1998;32:865-75.
21. Gonzalez MA, Child JS, Krivokapich J. Comparison of two-dimensional and Doppler echocardiography and intracardiac hemodynamics for quantification of mitral stenosis. Am J Cardiol. 1987 Aug 1;60(4):327-32.
22. Gorcsan III J, Abraham T, Agler DA, Bax JJ, Derumeaux G, Grimm RA, et al. ASE Expert Consensus Statement. Echocardiography for cardiac resynchronization therapy: Recommendations for performance and reporting. A report from the American Society of Echocardiography Dyssynchrony Writing Group. J Am Soc Echocardiogr. 2008;21(3):191-213.
23. Hachicha Z, Dumesnil JG, Bogaty P, Pibarot P. Paradoxical low-flow, low-gradient severe aortic stenosis despite preserved ejection fraction is associated with higher afterload and reduced survival. Circulation. 2007;115:2856-64.
24. Hatle L, Angelsen B. Doppler ultrasound in cardiology: physical principles and clinical applications. 2.ed. Philadelphia: Lea & Febinger; 1985.
25. Holmin, Messika-Zeitoun D, Mezalek AT, Brochet E, Himbert D, Iung B, et al. Mitral leaflet separation index: a new method for the evaluation of the severity of mitral stenosis? Usefulness before and after percutaneous mitral commissurotomy. J Am Echcardiogr. 2007;20:1119-24.
26. Hurrel D, Nishimura RA, Ilstrup DM, Appleton CP. Utility of preload alteration in assessment of left ventricular filling presure by Doppler echocardiography: a simultaneous catheterization and Doppler echocardiographic study. J Am Coll Cardiol. 1997;30:459-67.
27. Khankirawatana B, Khankirawatana S, Porter T. How should left atrial size be reported? Comparative assessment with use of multiple echocardiographic methods. Am Heart J. 2004;147:369-74.
28. Kim CJ, Berglund H, Nishioka T, Luo H, Siegel RJ. Correspondence of aortic valve area determination from transesophageal echocardiography, transthoracic echocardiography, and cardiac catheterization. Am Heart J. 1996;132:1163-72.
29. Kolias TJ, Aaronson KD, Armstrong WF. Doppler-derived dP/dt and -dP/dt predict survival in congestive heart failure. J Am Coll Cardiol. 2000;36:1594-9.
30. Kongsaerepong V, Shiota M, Gillinov AM, Son JM, Fukuda S, McCarthy PM, et al. Echocardiographic predictors of successful versus un-succes-

sful mital valve repairin ischemic mitral regurgitation. Am J Cardiol. 2006:98:504-8.

31. Kremkau FW. Diagnostic ultrasound: principles and instruments. 6.ed. Philadelphia: WB Saunders; 2002.

32. Lamia B, Ochagavia A, Monnet X, Chemla D, Richard C, Teboul JL. Echocardiographic prediction of volume responsiveness in critically ill patients with spontaneously breathing activity. Intensive Care Med. 2007;33(7):1125-32.

33. Lancellotti P, Moura L, Pierard LA, Agricola E Popescu BA, Tribouilloy C, et al. European Association of Echocardiography recommendations for the assessment of valvular regurgitation. Part 2: mitral and tricuspid regurgitation (native valve disease). Eur J Echocardiogr. 2010;1:307-32.

34. Lancellotti P, Tribouilloy C, Hagendorff A, Popescu BA, Edvardsen T, Pierard LA, et al. Recommendations for the echocardiographic assessment of native valvular regurgitation: an executive summary from the European Association of Cardiovascular Imaging. 2013;14;7:611-44.

35. Lang RM, Badano LP, Mor-Avi V, Afilalo J, Armstrong A, Ernande L, et al. Recommendations for cardiac chamber quantification by echocardiography in adults: an update from the American Society of Echocardiography and the European Association of Cardiovascular Imaging. J Am Soc Echocardiogr. 2015;28:1-39.

36. Little WC, Freeman GL. Pericardial disease. Circulation. 2006;113;1622-32.

37. Mathias Jr. W, Tsutsui JM, Andrade JL, Kowatsch I, Lemos PA, Leal SM, et al. Value of rapid beta-blocker injection at peak dobutamine-atropine stress echocardiography for detection of coronary artery disease. J Am Coll Cardiol. 2003 May 7;41(9):1583-9.

38. Monin JL, Monchi M, Gest V, Duval-Molin AM, Dubois-Rande JL, Gueret P, et al. Aortic stenosis with severe left ventricular dysfunction and low transvalvular pressure gradients: risk stratification by low-dose dobutamine echocardiography. J Am Coll Cardiol. 2001;37:2101-7.

39. Morris D, Takeuchi M, Krisper M, Kohncke C, Bekfani T, Carstensen T, et al. Normal values and clinical relevance of left atrial myocardial function analysed by speckle tracking echocardiography: multicentre study. Eur Heart J Cardiovasc Img. 2015;16:364-72.

40. Nagueh SF, Lakkis NM, Middleton KJ, Spencer WH III, Zoghbi WA, Quinones MA. Doppler estimation of left ventricular filling pressures in patients with hypertrophic cardiomyopathy. Circulation. 1999;99:254-61.

41. Nagueh SF, Smiseth OA, Appleton CP, Byrd BF 3rd, Dokainish H, Edvardsen T, et al. Recommendations for the evaluation of left ventricular diastolic function by echocardiography: an update from the American Society of Echocardiography and the European Association of Cardiovascular Imaging. J Am Soc of Echocardiogr. 2016;29(4):277-314.
42. Naqvi TZ, Siegel RJ. Aortic stenosis: the role of transesophageal echocardiography. Echocardiography. 1999;16:677-88.
43. Nishimura RA, Abel MD, Hatle LK, Tajik AJ. Assessment of diastolic function of the heart: background and current applications of Doppler echocardiography. Part II. Clinical studies. Mayo Clin Proc. 1989; 64:181-204.
44. Nishimura RA, Otto CM, Bonow RO, Carabello BA, Erwin III JP, Guyton RA, et al. AHA/ACC Guideline for the management of patients with valvular heart disease: executive summary: a report of the American College of Cardiology/American Heart Association Task Force on Practice Guidelines. Circulation. 2014;129:2440-92.
45. Nishimura RA, Otto CM, Bonow RO, Carabello BA, Erwin JP 3rd, Guyton RA, et al.; American College of Cardiology/American Heart Association Task Force on Practice Guidelines. 2014 AHA/ACC guideline for the management of patients with valvular heart disease: executive summary: a report of the American College of Cardiology/American Heart Association Task Force on Practice Guidelines. J Am Coll Cardiol. 2014;63(22):2438-88.
46. Nishimura RA, Otto CM, Bonow RO, Carabello BA, Erwin JP 3rd, Fleisher LA, et al. 2017 AHA/ACC Focused Update of the 2014 AHA/ACC Guideline for the Management of Patients With Valvular Heart Disease: A Report of the American College of Cardiology/American Heart Association Task Force on Clinical Practice Guidelines. Circulation. 2017; 135(25):e1159-e1195.
47. Olmos L, Salazar G, Barbetseas J, Quiñones MA, Zoghbi WA. Usefulness of transthoracic echocardiography in detecting significant prosthetic mitral valve regurgitation. Am J Cardiol. 1999;83:199-205.
48. Ommen SR, Nishimura RA, Hurrell DG, KlarichKW. Assessment of right atrial pressure with 2-dimensional and Doppler echocardiography: a simultaneous catheterization and echocardiographic study. Mayo Clin Proc. 2000;75:24-9.

49. Pellikka PA, Nagueh SF, Elhendy AA, Kuehl CA, Sawada SG. American Society of Echocardiography recommendations for performance, interpretation, and application of stress echocardiography. J Am Soc Echocardiogr. 2007;20(9):1021-41.
50. Penicka M, Bartunek J, De Bruyne B, Vanderheyden M, Goethals M, De Zutter M, et al. Improvement of left ventricular function after cardiac resynchronization therapy is predicted by tissue Doppler imaging echocardiography. Circulation. 2004; 109(8):978-83.
51. Quinones MA, Otto CM, Stoddard M, Waggoner A, Zoghbi WA. Recommendations for quantification of Doppler echocardiography: a report from the Doppler Quantification Task Force of the Nomenclature and Standards Committee of the American Society of Echocardiography. J Am Soc Echocardiogr. 2002;15:167-84.
52. Rakowski H, Appleton C, Chan KL, Dimesnil JG, Honos G, Jue J, et al. Canadian consensus recommendations for the measurment and reporting of diastolic dysfunction by echocadriography. J Am Soc Echocardiogr. 1996;9:736-60.
53. Reisner SA, Lysyansky P, Agmon Y, Mutlak D, Lessick J, Friedman Z. Global longitudinal strain: a novel index of left ventricular systolic function. J Am Soc Echocardiogr. 2004;17:630-3.
54. Ritter P, Dib JC, Lelievre T. Quick determination of the optimal AV delay at rest in patients paced in DDD mode for complete AV block. Eur Cardiac Pacing Eletrophysiol. 1994;4(4):A163.
55. Rivas-Gotz C, Khoury DS, Manolios M, Rao L, Kopelen HA, Nagueh SF. Time interval between onset of mitral inflow and onset of early diastolic velocity by tissue Doppler: a novel index of left ventricular relaxation: experimental studies and clinical application. J Am Coll Cardiol. 2003;42:1463-70.
56. Rudski LG, Lai WW, Afilalo J, Hua L, Handschumacher MD, Chandrasekaran K, et al. Guidelines for the echocardiographic assessment of the right heart in adults: a report from the American Society of Echocardiography endorsed by the European Association of Echocardiography, a registered branch of the European Society of Cardiology, and the Canadian Society of Echocardiography. J Am Soc Echocardiogr. 2010 Jul;23(7):685-713.

57. Samstad SO, Hegrenaes L, Skjaerpe T, Hatle L. Half time of the diastolic aortoventricular pressure difference by continuous wave Doppler ultrasound: a measure of the severity of aortic regurgitation? Br Heart J. 1989;61:336-43.
58. Sociedade Brasileira de Anatomia. Terminologia anatômica. Barueri: Manole; 2001.
59. Takeda S, Rimington H, Chambers J. The relation between transaortic pressure difference and flow during dobutamine stress echocardiography in patients with aortic stenosis. Heart. 1999;82:11-4.
60. Tsutsui JM, Osorio AF, Lario FA, Fernandes DR, Sodre G, Andrade JL, et al. Comparison of safety and efficacy of the early injection of atropine during dobutamine stress echocardiography with the conventional protocol. Am J Cardiol. 2004 Dec 1;94(11):1367-72.
61. Utsunomiya T, Patel D Doshi R, Quan M, Gardin JM. Can signal intensity of the continous wave Doppler regurgitant jet estimate severity of mitral regurgitation? Am Heart J. 1992;123:166-71.
62. Vahanian A, Alfieri O, Andreotti F, Antunes MJ, Esquivias GB, Baumgartner H, et al. Guidelines on the management of valvular heart disease (version 2012). The Joint Task Force on the Management of Valvular Heart Disease of the European Society of Cardiology (ESC) and the European Association for Cardio-Thoracic Surgery (EACTS). Eur Heart J. 2012;33:2451-96.
63. Vieillard-Baron A, Chergui K, Rabiller A, Peyrouset O, Page B, Beauchet A, Jardin F. Superior vena cava collapsibility as a gauge of volume status in ventilated septic patients. Intensive Care Med. 2004;30(9):1734-9.
64. Wilkins GT, Weyman AE, Abascal VM, Block PC, Palacios IF. Percutaneous balloon dilatation of the mitral valve: an analysis of echocardiographic variables related to outcome and the mechanism of dilatation. Br Heart J. 1988;60:299-308.
65. Wyatt HL, Heng MK, Meerbaum S, Gueret P, Corday E. Cross-sectional echocardiography II. Analysis of mathematic models for quantifying volume of the formalin-fixed left ventricle. Circulation.1980;61:1119-25.
66. Yi JE, Lee DH, Cho EJ, Jeon HK, Jung HO, Youn HJ. Doppler-derived left ventricular negative dP/dt as a predictor of atrial fibrillation or ischemic stroke in patients with degenerative mitral regurgitation and normal ejection fraction. Echocardiography. 2014;31:285-92.

67. Yock PG, Popp RL. Noninvasive estimation of right ventricular systolic pressure by Doppler ultrasound in patients with tricuspid regurgitation. Circulation. 1984;70:657-62.
68. Yu CM, Chau E, Sanderson JE, Fan K, Tang MO, Fung WH, et al. Tissue Doppler echocardiographic evidence of reverse remodeling and improved synchronicity by simultaneously delaying regional contraction after biventricular pacing therapy in heart failure. Circulation. 2002;105:438-45.
69. Yu CM, Zhang Q, Fung JW, Chan HC, Chan YS, Yip GW, et al. A novel tool to assess systolic asynchrony and identify responders of cardiac resynchronization therapy by tissue synchronization imaging. J Am Coll Cardiol. 2005;45:677-84.
70. Zoghbi WA, Chambers JB, Dumesnil JG, Foster E, Gottdiener JS, Grayburn PA, et al. Recommendations for evaluation of prosthetic valves with echocardiography and Doppler ultrasound. J Am Soc Echocardiogr. 2009;22:975-1014.

Índice remissivo

A

Alterações recíprocas nos volumes ventriculares 166
Aminofilina 242
Annulus inversus 175
Aorta abdominal 32
Aorta torácica ascendente e artéria pulmonar ecocardiografia transesofágica 217
Aorta torácica descendente e abdominal proximal ecocardiografia transesofágica 224
Apêndice atrial esquerdo 26
Aquisição das imagens 82
Artefato
   de reverberação 13
   de sombra acústica 13
   de imagens 12
   de lobo lateral 12
Atropina 241

Avaliação
   conjugada de dissincronia 198
   da função atrial pela ecocardiografia 59
   das próteses valvares 135
   da valva mitral 201
   da volemia 100
   de dissincronia intraventricular 192
   hemodinâmica 85

B

Bola-gaiola 136

C

Cálculo
   da área valvar mitral pela equação de continuidade 121
   da massa pelo método bidimensional 67

de área do orifício regurgitante pelo PISA 110
Cardiomiopatias restritivas 178
Cloridrato de dobutamina 241
Colapso
  diastólico do ventrículo direito 166
  sistólico do átrio direito 165
Comissura
  anterolateral 22
  posteromedial 22
Compensação do ganho em função do tempo 11
Comprimento de pulso 5
Contração isovolúmica VE 74
Coronariana direita 22
Coronariana esquerda 22
Cristal piezoelétrico 1
Critérios ecocardiográficos de Wilkins 115
Cúspide anterior 22
Cúspide posterior 22

D

Débito cardíaco 85
Derivadas de pressão-tempo
  do ventrículo direito 100
  do ventrículo esquerdo 98
Dipiridamol 242
Disco único 136
Dissincronia
  cardíaca 195
  interventricular 189
Doenças do pericárdio 163
Doppler
  contínuo 43, 107
  ecocardiograma na análise da função diastólica 145
  pulsátil 41, 77, 96, 180
  tecidual 45, 77, 152
    colorido 195
    pulsátil 192
Duplo disco 137

E

Ecocardiografia
  bidimensional 7
  sob estresse 233
    contraindicações 234
    estresse físico 235
    indicações gerais 233
    protocolo com dipiridamol-atropina 239
    protocolos 235
  transesofágica 199
    indicações 202
    instrumentação 199
    plano transgástrico 217
    preparo do paciente 199
Ecos harmônicos 12

Enfisema subcutâneo 6
Envelope 40
Equação
  de Bernoulli 129
  Doppler 37, 39, 41
Escala de cinza (*dynamic range*) 11
Esmolol 242
Esôfago alto
  ecocardiografia transesofágica 217
Esôfago baixo e médio
  ecocardiografia transesofágica 224
Esôfago médio
  ecocardiografia transesofágica 208
Estenose
  aórtica 126
    com baixo fluxo
      função ventricular diminuída 131
      função ventricular preservada 131
  de prótese
    posição aórtica 141
    posição mitral 142
  mitral 113
  pulmonar 135
  tricúspide 133
  valvar aórtica
    classificação 130

Estimativa da pressão arterial pulmonar 93
Estreitamento do orifício valvar 113

F

Faixas sonoras 1
Fisiologia da diástole 145
Fluxo
  de veias pulmonares 148
  regurgitante 109
  sistêmico 109
  transvalvar mitral 145
Formação de imagem e suas características 5
Fórmula
  de Ritter 187
  de Teichholz 71
Fração
  de encurtamento ou delta d ($\Delta d\%$) 72
  regurgitante 108
Frame rate 6, 8
Frequência central do transdutor 11
Frequência de quadros 6
Função sistólica segmentar 75
Função ventricular direita 78

G

Geometria ventricular 66
Gradiente diastólico AE-VE 121

I

Imagem ecocardiográfica 3
Índice
   cardíaco 93
   de fluxo pulmonar-sistêmico 93
   de Tei 77
   de velocidade Doppler 144
   de Yu 195, 197
   do Escore de Mobilidade de Parede 77
   TRIV/TE-e' 153
Influxo mitral 158
Insuficiência
   aórtica 122
   de prótese em posição aórtica 141
   de prótese em posição mitral 142, 143
   mitral 107
      classificação ecocardiográfica 113
   pulmonar 134
   tricúspide 133
Integral da velocidade-tempo (VTI) da valva mitral 189
Intervalo
   interventricular 189
      em portadores de ressincronizador 189
   QA 188

Isquemia miocárdica
   ecocardiografia sob estresse 233

J

Janela
   apical 17, 19
   paraesternal 15, 17
   acústica 16
   subcostal 17, 27
      transversa 30
   supraesternal 17, 30
Jato de insuficiência tricúspide 95

K

Knock telediastólico 173

M

Manobra de Valsalva 148
Mapeamento de fluxo em cores 44, 45, 126
Massa ventricular 65
Medidas lineares do ventrículo esquerdo 49
Método
   de Doppler tecidual 194
   de Simpson 59, 73
   de varredura anteroposterior 28
   PISA 126
   para o ajuste do IAV 185
Metoprolol 241
Modalidades de imagem 6
Modo M 6

Modo unidimensional 6, 170
    convencional 195
    colorido 154
Movimentação normal da valva pulmonar 89
Mudança Doppler 37
Músculo papilar
    anterolateral 23, 31
    posteromedial 23, 31

N

Níveis de plano 21
Normalidade 84

O

Ondas
    de radiofrequência 3
    longitudinais 2
    sonoras 1
        características 4
    transversas 2
    ultrassonográficas 1

P

Padrão
    do fluxo venoso supra-hepático 170
    de disfunção diastólica 157
Parâmetros de normalidade 82
Pericardite constritiva 170, 178
    diagnóstico ecocardiográfico 170

PHT 118
Plano
    apical
        de duas câmaras 27
        de quatro câmaras 19
        de três câmaras 27
    curto 17
    de cinco câmaras 25
    de duas câmaras 26
    de quatro câmaras 25
    longitudinal
        apical de três câmaras 26
        da via de saída do ventrículo direito 17
    ecocardiográficos 16
    subcostal longitudinal 28
    transversal 17, 19
        músculos papilares 29
Pletora da veia cava inferior 170
Pneumomediastino 6
Pneumopericárdio 6
Pós-processamento da imagem 11
Preparo das drogas utilizadas na ecocardiografia sob estresse farmacológico 241
Pré-processamento da imagem 10
Pressure half time 118
Processo de produção da onda sonora 3
Profundidade 11

Projeção paraesternal longitudinal 16
Propriedades da onda sonora 2
Próteses
   biológicas 135, 136
   mecânicas 136
   valvares 135, 136
Protocolo de Bruce 235
Pulso 6

Q

Quantificação
   da insuficiência tricúspide 133, 134
   das cavidades 50
      cardíacas 49
   do fluxo sanguíneo 85

R

Ramo direito da artéria pulmonar 34
Representação esquemática dos planos ecocardiográficos 57
Reverberações 12
Ring down 12

S

Saída de força (*output*) 10
Seio venoso 24
Separação das cúspides da valva mitral 117
Sequência de disparos de linhas dos cristais 9
Sincronia cardíaca 185
Sincronismo atrioventricular 185
Sistema de horário 15
Sombra acústica 12
Speckle tracking 79, 197

T

Tamponamento cardíaco 163
Tempo
   de enchimento diastólico 187
   de ida e volta da onda 10
   de meia-pressão 118
   real 8
Torção cardíaca 79
Tronco braquiocefálico 34
Tronco venoso braquiocefálico 33

U

Ultrassom 1
   fonte geradora 2
   princípios básicos 1
   profundidade de penetração 5

V

Valva
   aórtica 22
   pulmonar 22
   tricúspide 22

Valvotomia por cateter-balão
115
Válvula não coronariana 22
Variação respiratória no
enchimento diastólico
168
Varredura eletrônica 7
Veia cava
inferior 31
superior 31

Velocidade
de *aliasing* 154
de propagação do fluxo ao
modo unidimensional
colorido 154
Volume
e função sistólica do ventrículo
direito 77
ejetado ou fluxo sistêmico 90
regurgitante 108, 109